Nordisk religion og

Religionsskiftet i Norden

Vilhelm Grønbech

Nordisk religion og Religionsskiftet i Norden

Vilhelm Grønbech

Nordisk Religion og
Religionsskiftet i Norden
Vilhelm Grønbech
ISBN-NR. 9788743031451
© 2021 www.hemskringla.no
Forlag: BoD – Books on Demand, København, Danmark
Tryk: BoD – Books on Demand, Norderstedt, Tyskland

Nordisk Religion i Edv. Lehmann: *Illustreret Religionshistorie*
Første udgave: 1924
Religionsskiftet i Norden i Vilhelm Grønbech: *Kampen om mennesket*
Første udgave: 1930
Genudgivelse: 2021
Heimskringla Reprint.
Ansvh. red.: Carsten Lyngdrup Madsen
Layout og omslag: Carsten Lyngdrup Madsen
www.heimskringla.no

Indhold

Forord

I årene 1909-12 udgav Vilhelm Grønbech sit firebinds værk *Vor folkeæt i old-tiden* om religion og kultur i det førkristne Norden. Værket blev senere ud-videt og genudgivet i 1955. Den udvidede udgave er senest genudgivet i 2020 af Heimskringla Reprint.

Da Edvard Lehman i 1924 udgav sin store religionshistorie, indeholdt den et længere bidrag af Vilhelm Grønbech under overskriften *Nordisk religion*. Det er dette afsnit, som udgør første del af denne bog. Her sammenfatter Grøn-bech hovedtankerne i *Vor folkeæt i oldtiden*.

I 1913 havde Grønbech som en slags epilog til *Vor Folkeæt* udgivet en lille bog med titlen *Religionsskiftet i Norden*. Denne blev senere genoptrykt i om-arbejdet form i antologien *Kampen om mennesket,* 1930. Det er denne ud-gave af *Religionsskiftet,* som udgør anden del af denne bog.

Carsten Lyngdrup Madsen

I.

Nordisk religion

Nordboernes syn på livet og verden

Slægten

Få folk på jorden har efterladt sig så rigt et vidnesbyrd som vore forfædre; i digtning og jura, i sagn og saga har de udmejslet deres idealer så alsidigt og så kunstfuldt, at de derved har sikret sig den udødelighed i eftermælet som for dem var livets højeste gode. Deres historiske sagaer fører os midt ind i livet og lader os blive hjemmevant i kongsgården og i bondestuen; de viser os menneskene i deres daglige færd, men altid i begivenheder der tvinger personerne op i deres højeste plan. Fortællingerne drejer sig hovedsagelig om kamp og hævn, men i kampen åbenbarer disse mennesker deres inderste sjæl, eftersom striden altid står om ære, selv der hvor dens nærmeste genstand er jord og kvæg og herskermagt; disse store og små helte er trods det ensformige våbengny evig unge og evig dragende, fordi de aldrig kan finde ro, men stedse må sætte livet ind for det som er større end al udvortes lykke. Bag sagaerne står en rig heltedigtning, der fører samme idealer og livskonflikter frem i end mere storstilede dimensioner; dens storhed og sandhed beror på, at den skildrer helte som vel føler og handler langt ud over det daglige livs mål, men som altid bevæges af samme åndelige realiteter som dem der bestemmer over liv og død for almindelige mennesker.

Når vi åbner vore fædres saga, springer vi ind i en verden hvor tankerne går i helt andre baner end hos os. Endnu i det attende århundrede var denne verden lukket: Datiden kunde ikke finde andet end vilde, overtroiske barbarer i disse kæmper, der levede for strid og hævn; man sagde som Bastholm, at hævn er en ulyksalig fordom, som kvæler samvittighedens stemme og udsletter alle taknemmeligheds følelser, og historiens nytte kan kun være den, at vi indser vigtigheden af forstands og moralitets kultur og lærer at sætte pris på velindrettede stater, og vise love. Det var romantikerne som af længsel efter et rigere og mere bevæget sjæleliv brød igennem og fandt lidenskabens storhed bag en Brynhilds hævntørst; de indså, at hævnens rå skikke var udslag af stærke vejr i hjærterne, og gennem følelsens storm følte de sig i slægt med fortidens mennesker. Men der er fare for at romantikerne har gjort de gamle helte lidt for umiddelbart fortrolige, de har ubevidst digtet kæmperne og deres stolte kvinder om efter moderne stemninger, så at vi har svært for at se deres ejendommelighed og ofte nok glider tankeløst hen over de problemer som sagaernes menneskeskildringer stiller. Den gamle betragtning af den nordiske »troslære« som »rå og vild folketro uden højere livsmål end krig og rov« slog om i en fantastisk begejstring for Edda som den

Sigurd fælder dragen. Ristning fra Ramsundsberget i Södermanland

ældste og dybeste religionslære i verden. Nutidsmennesket skylder romantikken tak, fordi den har åbnet mulighed for en forståelse af den gamle verden, men han må forsøge at nå til at stå ansigt til ansigt med sagaens skikkelser for at fatte deres egenart og lodde dybden i deres menneskelighed. Og da vil det vise sig, at han må lægge mange af sine tanker om, hvis han skal vinde en sand fortrolighed med livet, som det levedes i det gamle Norden.

En af de mest imponerende, dybeste og særeste skikkelser er Egil Skallegrimsøn. Efter en stormfuld ungdom og manddom sad han på sin gård, Borg, på det sydvestlige Island som en mægtig bonde, æret og frygtet viden om. Henimod slutningen af sit liv blev han ramt af store sorger: en af hans sønner døde af sygdom, og kort efter druknede hans yndlingssøn ude på fjorden. Da Egil hørte, at liget var drevet op, red han ned til kysten og hentede sin søn; han tog ham op, satte ham i sit skød og red med ham hen til sin faders gravhøj. Han lod højen åbne og lagde sin søn ved Skallegrims side. Derefter red han tilbage til Borg, lagde sig i sin seng og skød slåen for døren, og der lå han dag og nat til tredie dag uden at smage mad eller drikke. Husfruen vidste da intet andet råd end at sende bud efter deres ældste datter, Thorgerd, og hun fik ved list faderen lokket til at spise, for at han kunde digte et arvekvad over sin søn. Og alt som Egil kvad, blev han sig selv, og da kvadet var kvædet til ende, steg han op og satte sig i sit højsæde.

Digtet lyder i sammentrængt form:

»Havet bruser dernede foran døren, hvor frændens Helskib er lagt,
Min slægt bøjer sig mod fald som skovens stormpiskede træer.
Grumt var det hul som bølgen brød i min faders frændegærde; ufyldt, ved
    jeg, og åbent, står sønneskåret, som søen slog mig.
Meget har Ran rusket af mig. Jeg står fattig på kærlighedsvenner. Søen har
    revet min slægts bånd over, en hårdtsnoet streng ud af mig selv.
Jeg siger dig: kunde jeg med sværd forfølge sagen, da gik jeg til kamp mod
    Ægirs tøs. Men jeg følte, at til at gå i rette med min søns bane havde jeg

ingen magt. Alverden ser, hvor tomt der er bag den gamle mand, når
han skrider frem.

Mig har havet ranet meget, – bittert er det, når man opregner frænders fald,
   – siden han der stod, et skjold i ætten, veg af fra livet ud på sjælevejene.
Jeg ved det selv, i min søn voksede intet slet mandsæmne.
Altid holdt han det i hævd som hans fader sagde, selv om hele folket mente
   andet. Han holdt mig oprejst i hjemmet og styrkede vældigt min kraft.
Ofte kommer mig i hu mit broderløse. Når kampen vokser, tænker jeg
   mig om, spejder ud og tænker på, hvilken anden mand står ved min
   side med mod til vovsom dåd, sådan som jeg ofte nok trænger.
Jeg bliver varsom til at flyve, når venner fækkes.«

Denne Egil, som rider med sin døde søn foran sig på hesten, medens sorgen
svulmer i ham, så at kjortelen brister, vil til alle tider virke ved sin dybe men-
neskelighed; men ved nærmere eftertanke opdager vi, at meget i digtet fore-
kommer os fremmed og uforståeligt, og jo længer vi fordyber os i de stærke
vers, des dybere føler vi vel, at netop ved de ord der synes os mest frem-
mede, står vi ansigt til ansigt med det inderste i Egils sorg. I Egil er det ikke
en fader der sørger, ikke en sjæl der vånder sig i sin kvide ved at føle ensom-
hed og tomhed, men en hel slægt som gennem hans mund klager over at
dens kraft formindskes. Ofte nok beror vor samfølelse på, at vi ubevidst dig-
ter om og indlægger moderne stemninger i de gamle vers. Det er ikke af-
mægtig trods som får Egil til at udfordre de magter der har taget hans søn-
ner; hvis han havde en stor slægt i ryggen, kunde han tage det op med gu-
derne, — det er den dybe sammenhæng i ordene.

Når vi nu jævnfører den gamle digter og hans folk med os selv, ser vi, at der
ikke er tale om en forskel i tone mellem hans og vor opfattelse af livet og dets
problemer, men at vi er skilt fra ham i de instinktive grundfølelser og i vor
måde at leve på. For os er det selvfølgeligt, at mennesket står ene og må op-
leve på egen hånd alt hvad der møder af glæde og sorg; vi kan dele oplevel-
serne med hinanden, men kun fordi vi hver for sig har gjort de samme

erfaringer, og selv overfor vore allernærmeste bliver samlivet kun en mangelfuld udveksling af tanker og følelser. For vore forfædre derimod var livet inden for frændekredsen et virkeligt fællesskab, således at alt hvad de tænkte og alt hvad de gjorde var bygget over slægten som grundlag; alt samliv og al social ordning med dens ret er formet over denne umiddelbare følelse af enhed i frænderne, medens vi må grundlægge alt samfundsliv og al ret på den enkeltes samvittighed, hvis samfundet skal have nogen fasthed.

Forskellen viser sig tydeligst i det etiske; i vor verden er det en selvfølgelig sag, at enhver må bære ansvaret for sine handlinger, og at det er umoralsk at rette smed for bager. De gamles retsbevidsthed hvilede på den forudsætning, at hele slægten var virkelig ansvarlig for den gerning som et af dens medlemmer havde gjort; ved et drab var alle den dræbtes frænder lige nær til at hævne, og ikke alene drabsmanden, men hele hans æt var udsat for at bøde med sit liv for det udgydte blod. Hvad der forekommer os som en udvortes vedtægt, tilmed en i højeste grad uretfærdig vedtægt, var for Nordboerne en selvfølgelighed; den enkelte kunde overhovedet ikke handle uden at inddrage sine frænder i følgerne, hvad enten de var onde eller gode. Dette grundsyn, at den enkelte lever som repræsentant for en slægt, eller at en slægt altid lever og handler gennem individerne, beror på en realitet; frænderne havde en fællesskat af tanker og minder, en fortid som føltes levende i hvert eneste hjærte, og en fremtid som alle delte med hinanden — fælles mål, fælles opgaver, fælles idealer. Denne indre skat, som de kalder ære, udgjorde deres sjæl; den skat måtte alle værge hver for egen skyld, men ingen enkelt kunde hævde sig selv uden tillige at hævde alle sine frænder, ti han ejede lige så lidt nogen tanke i sin hjerne som noget mål for sin vilje, uden at det også levede i alle der tilhørte hans kreds. Ingen følelse kunde da stige op i ham, uden at den bredte sig til hans livsfæller, og jo nærmere hans følelser kommer slægtens fælles oplevelser, des inderligere og mere lidenskabelige bliver hans sjælelige rørelser. Og således kan vi vel nå til forståelse af Egil og hans digt: jo længere han kommer ned i sig selv, des mere kommer slægten op i ham.

Gennem hele slægten går et og samme liv, og dette liv kalder Nordboen *lykke*. Dermed antyder han, at livet ikke blot er kraftigt til at virke, men at det har et bestemt mål. Vi tænker os livet som en ubestemt kraft, der tager skikkelse i den enkelte og gennem hans udfoldelse får personlige træk og en individuel karakter. Nordboen derimod ser livet som familiebestemt fra dets oprindelse af, en slægtsskat, præget i sit inderste væsen af de vaner og tilbøjeligheder, de ævner og færdigheder som har udmærket familien og skabt dens stilling i bygden. En konge har kongelykke, det vil sige et liv eller en sjæl der føder herredom og krigersnille, et kraftigt, stridsvant legeme og et ærgerrigt sind. Bonden har først og fremmest lykke til at pløje landet og få det til at bære frugt. Andre slægters liv er bestemt af lykke på havet, ævne til at bruge børen og finde havn. Men også en anden ejendommelighed springer op af Nordboernes grunderfaring: for os er menneskelivet en kraft, der brydes med naturen og omgivelserne og kun tildels sejrer, for Nordboen var liv ikke blot at ville og at stræbe, men også at kunne. Livet i mennesker var begrænset til en snævrere kreds, men inden for sin begrænsning rakte det helt ud og omfattede virkningen lige så vel som hensigten. Kongen har sejrsæle, — hans planer havde den kraft at de altid nåede deres mål; han har herskerlykke, — hans vilje bøjede umiddelbart alle ind under sig. Bonden som havde årlykke, forstod ikke blot at pløje og så, hans lykke fulgte kornet i jorden frem til modning og skærmede det mod frost og anden fordærvelse. Den der havde arvet sømandslykke, kunde ikke alene styre sin båd, han fangede altid bør, når han stak i søen.

Vor adskillelse mellem arbejde og resultat existerede da ikke for hine mennesker; de så livet som en sammenhængende linje, og hvad vi kalder vanheld betragtede de som svaghed og synd. Når stridslykken glippede for en høvding, måtte det betyde, at livet i ham og hans æt var ved at sygne hen. For at vurdere denne livsbetragtning må vi erindre, at slægtsfølelsen ikke alene virkede indadtil, men også regulerede hele det sociale liv og gennem utallige generationer havde præget bygdens foretagender.

Således bygger Nordboernes liv over en anden grundfølelse end den der udgør bunden i vor bevidsthed, og som følge deraf grupperer erfaringerne sig for dem på en anden måde; livets problemer tager en helt anden skikkelse, og deres løsning følger andre linjer. For det første giver deres erfaring en psykologi som er grundforskellig fra vor. For os, som lever enkeltmenneskets liv, er personligheden nødvendigvis begrænset til den enkelte og indesluttet i kroppens hylster; men for Nordboen svinder den legemlige adskillelse i betydning for den umiddelbare kendsgerning, at sjælen breder sig ud over de fysiske grænser og omfatter en hel rad legemer. Lige så naturligt som det er for os at se individet som en lille verden, bliver det for vore forfædre at se én menneskesjæl åbenbare sig i mange legemer. Slægten svarer til det vi kalder mennesket, og den danner en vedblivende personlighed, som fortsættes uden brud fra generation til generation. Fødsel og død får ikke den altoverskyggende betydning som de har hos os, hvor de er menneskets og karakterens begyndelse og afslutning. I den gamle verden er de levende frænder repræsentanter for en sjæl som rækker opad i fortiden og som strækker sig nedad til ufødte slægter, og deraf springer den stærke ansvarsfølelse som præger hine menneskers etiske liv; enhver krænkelse som de blev genstand for, og enhver skyld som de selv pådrog sig, betyder et skadeligt indgreb i slægtens ære og en svækkelse af dens liv, og oprettelsen bliver en uafviselig pligt, fordi det er den evige personligheds lykke som står på spil. Når et nyt menneske kommer til verden, betyder det en forøgelse af slægtens kraft, en nyfødsel ud af dens sjælefond; i denne opfattelse ligger forudsætningen for en ligefrem genfødselstro, som vi finder den i sagatiden: barnet er en afdød frænde, som »kommer igen«. Barnet bliver ikke frænde eller menneske rent umiddelbart ved at stige frem af moders liv; han skal knæsættes og navngives, for at det egentlige liv, forfædrenes bedrifter og slægtens stræben, kan plantes ind i ham. I den islandske saga læser vi, at drengen blev bragt til faderen, han så vist på ham og sagde: »denne dreng skal hedde Ingemund efter sin morfader, og jeg venter, at han vil få lykke med sit navn,« — at morfaderens lykke vil gå over på ham med navnet, og da Ingemund selv fik en søn, hedder det igen: han blev båret til faderen og

Ingemund sagde: »denne dreng har hvasse øjne, han bliver ingen sagtmodig mand, men trofast mod venner og frænder og en stor kæmpe, — skal vi ikke mindes vor frænde Jøkul, jo, han skal hedde Jøkul.«

Og døden er for den enkelte ikke nogen skæbnesvanger begivenhed. Han flyttes over i dødsriget og samles med sine fædre. Den aften da Torolf Mosterskægs søn Torsten, høvdingen på gården Helgefjæld, druknede inde på fjorden, gik en fårehyrde ude under fjældet som gården havde navn efter; da så han, at bjærget lukkede sig op, og i dets indre brændte der ild som i hallen hjemme, der lød glam som fra gæstebud, og han hørte røster byde Torsten velkommen. Tonen ligger ikke på den enkeltes udødelighed, men på at slægten bliver ved at leve, og ligesom frænden her på denne jord blev båret af ætten og havde sit liv i dens trivsel som helhed, således bliver han også i dødsriget opretholdt af sine levende frænders kraft. I denne følelse af sammenhæng udspringer Nordboens ejendommelige jævnmod overfor døden, et jævnmod der er lige så langt borte fra foragt som fra angst; han anerkendte fuldt ud, at livsafslutningen var en vigtig begivenhed, men han kunde ikke have vor følelse af, at døden er det store indsnit i menneskets tilværelse. Den egentlige død var for ham slægtens opløsning, og denne menneskets sande afslutning var frygtet som den største af alle ulykker; når frænderne begynder at tyndes ud og der ikke fødes kraftige sønner til at erstatte de hedengangne, da sniger sig angsten over Nordboen, og da får hans ord den håbløse klang der lyder som en dæmpet undertone i Egils digt. Dødsfrygten giver sig udtryk i den stundesløse iver efter at få sønner, som kan rejse ætten op; hvis håbet svigter den ene, må hans nærmeste avle for ham, at ingen gren skal visne. Når den barnløses enke giftede sig igen, kunde det hænde, at hun i sin første søn oprejste sin hedengangne husbond sæd ved at opkalde drengen efter ham; nærmere til at frelse var dog søsteren til den døde: hendes førstefødte blev indlemmet i hendes fædrene slægt. Var der ingen sønner, blev det datterens første pligt at sørge for afkom til sin fader; hans røst lød som Hreidmars i Edda, der midt i dødskampen råber: »Om du ikke får en søn, så fød en datter, og skaf din mø en mand, at nøden kan stæmmes, da vil hendes søn hævne din sorg.«

Nordboen beder aldrig om at få lov til at beholde livet, men han kan tigge om at blive fornyet og få sin slægt fortsat. Vatsdølernes mægtige slægt nedstammede på mødrene side fra jarlerne i Gøtland, og ifølge slægtstraditionen var frændskabet blevet til på en døende ynglings bøn. Jarl Ingemunds Søn, Jøkul, havde slået sig på røveri i grænseskovene mellem Norge og Sverrig, og en nat blev han overfaldet og gennemboret af Torsten, en ung mand af god æt fra Romsdalen. Om Jøkul havde villet, havde han kunnet hævne sig på stedet; men han skænkede Torsten livet, på den betingelse at han skulde ægte Jøkuls søster; »hvis der forundes dig sønner,« føjede han til, »da lad ikke mit navn ligge nede; af det ægteskab venter jeg mig lykke, og det skal være min løn, fordi jeg gav dig livet.« Torsten drog til Gøtland med Jøkuls ring som fortaler, vandt moderen og gennem hende den gamle jarl, og i den slægt som han rejste, fornyedes den gøtske høvdingeæt; Torstens søn hed Ingemund efter sin morfader, og en af hans sønner var Jøkul med de hvasse øjne, der mindede i sind og skind om den højættede stimand.

Den egentlige død var da for Nordboerne ikke en tilintetgørelse. For at forstå vore forfædres rædsel for slægtens udslukkelse må vi have i minde, at livet for dem ikke var blot og bar existens, men det betød kraft og lykke, fred og ære. Modsætningen til liv bliver da en tilstand i hvilken mennesket mister alt hvad der gør ham til et ædelt væsen, og til gengæld fyldes med ondskab og angst. I denne opløsning hensank en slægt der blev udslukt her på jord; mennesker gik sky uden om dens gravplads, ti de frygtede de ånder som huserede i mørket. Og denne død kunde den enkelte dø i levende live, hvis han ved en ugerning syndede mod lykken og æren og blev fredløs, det Nordboerne kaldte niding, det vil sige afskåret fra livssamfund med sine frænder. Den fredløse, som flakker ene om i ødemarken, kaldes ulv; det siges om ham, at han bærer ulvehoved, og meningen er virkelig, at han bliver til ét med de træske dyr, som sønderriver hinanden, altid skriger af sult, aldrig holder veklage over døden, men stedse hyler efter mord, som en angelsaksisk digter beskriver dem. I Nordboens angst for fredløshed og nidingskab har vi hans dødsfrygt.

Midgård og Udgård

Denne erfaring har også betydning for Nordboernes syn på verden. For ham var naturen delt i to riger, på den ene side natten og udørkenen, den vilde skov og det uvejsomme fjæld, hvor alle magter og kræfter var fremmede og fjendtlige, på den anden side dagen og den »milde, nyttige jord«, hvor mennesker kunde leve og arbejde med velsignelse. Til dagens verden med dens frugtbare kræfter, dens himmelske lys og dens nærende vækster, stod mennesker i venskabsforhold; men venskabet kunde kun bestå gennem et stadigt arbejde og en stadig overvindelse af de dæmoniske magter som lå på lur for at tilrane sig verden. I Norden er jorden delt mellem Midgård eller menneskenes hjem og Udgård, hvor jætterne holder til huse; og Torsmyterne, som beskriver gudens stadige togter for at nedkæmpe turseyngelen, giver et religiøst-poetisk billede af folkets tanker om livet og om sig selv. Udørkenen eller Jættehjem var ikke en verden langt borte i hemmelighedsfulde egne, den strakte sig helt frem til menneskers boliger, somme steder som vilde bjærge og rivende elve, andre steder som uigennemtrængelige skove, fyldt med farer fra vilde dyr og endnu vildere fredløse. Uhyggen ved fjældet og skoven var ikke blot de farer som rent udvortes truede den vejfarende, — og vi gør os ikke let nogen forestilling om skovenes vildhed og uvejsomhed i ældre tider, — de var fulde af trolddomskræfter, som forvildede menneskers syn og sanser og slog dem med sygdom eller sindsforvirring. I Norges myter og digte har vi livagtige træk fra det nordlige Jættehjem, hvor turser og deres yngel griner oppe i fjældsiderne, hvirvler stenblokke ned over vejen eller lader fossene skylle med sviende frostkulde ned over vandreren; men billedet er ikke fuldkomment, uden vi også får den trolddom med som gjorde Tors rejse til Udgårdsloke så spændende. Ridtet til dødsriget, som går over urkolde fjælde og gennem skumle, gungrende dale, fremmaner også billeder fra rejser i Jættehjem, hvor rytteren har farer at vente både fra utysker og dødninge. I de danske folkeviser går skovens uhygge igen i de dansende elverpiger, der i tågerne forvirrer menneskenes sind og drager dem ud af menneskelivet eller slår dem med legemlig og sjælelig sot; selv om vi her i den poetiske udformning mærker middelalderens åndepust, bæres digtene dybest nede af den gamle gru for en verden hvor mennesker er hjælpeløse, fordi de våben der bider oppe i lyset, ikke har nogen magt i den galdrende og hildrende trolddoms sfære.

På denne baggrund skal Nordboens hjemfølelse forstås. Midgård er fager, inden for dens grænser føler han sig tryg, fordi han har samføling med alt hvad der lever og gror, og kender dets væsen; han ved hvorledes han skal bruge tingene for at få velsignelse ud af dem, og han ved hvorledes han skal værge sig mod farer. I Midgård råder lov, også i kamp og fjendskab; i Midgård er livet ære. Myterne om verdens oprindelse fortæller, hvordan jorden blev renset for jætterne og gjort til bolig for mennesker. I Begyndelsen var der intet andet end et tomt gab i midten af jorden; på den nordre side lå kuldens verden, Niflheim, fyldt med is og rim, på den søndre side Muspelheim, hed og luende. Fra Niflheim skred isen ud i det tomme rum, Ginnungagap, og over den stod en eddersviende tåge; da den mødte den hede luftning fra Muspelheim, smæltede den, og af dens dryp dannede sig en skikkelse som en mand. Han kaldtes Ymir, og fra ham kommer alle jætter og turser. Næst efter ham opstod af det kolde dryp koen Audhumla, som slikkede saltstenene, til der fremgik en ny skikkelse; første dag sås håret, anden dag hovedet og tredie dag stod den fagre og statelige Buri fuldbåren. Fra ham nedstammer gennem sønnen Borr de første guder, tre i tallet. Borssønnerne dræbte jætten Ymir, og i hans blod druknede alle jætter undtagen én; hans afkom er det som nu lusker om i Udgård. Midt i Ginnungagap skabte de af Ymirs legeme jorden; hans kød blev mulden, hans blod vandene og hans knogler de hårde fjælde. Rundt om jordens midte byggede de en befæstning til værn mod utyskerne, og den borg er Midgård, menneskehjemmet. Ved stranden fandt de Ask og Embla; de lå som træstammer, uden kraft og uden skæbne og lykke; hver af de tre gav dem sin gave, til de rødmossede stod op og begyndte at leve. Fra dem befolkedes Midgård.

Men selv om guderne en gang har rømmet op blandt jætterne for at rydde plads til menneskers børn, yngler endnu Ymirs afkom. Ude i jærnskoven, det mørke, filtrede uland, sidder den gamle gyge og sætter ulvenes kuld i verden. I havet rundt om jorden slynger Midgårdsormen sin lange krop gennem dybet. Selv på himlen stormer utyskerne op og gaber til tider for at sluge sol og måne og sænke verden i mørke. Livet er en stadig kamp for at værge Midgård mod dæmonernes anslag, og kampen kræver den yderste påpasselighed. Det dæmoniske dukker også op midt i dagen i skikkelse af troldmænd, som Nordboen hader og frygter, fordi de ikke blot har jættekræfternes fordærvelighed i sig, men også deres uberegnelighed i midler og veje. Trolddom falder uden for det liv hvis væsen er lykke og ære. Den blotte nærværelse af troldpak var nok til at forgifte en egn åndeligt så vel som legemligt. Engang måtte Olav På, den islandske høvding, ud for at rense bygden for sådant utyskeskab; som rimeligt var, gik han frem med største forsigtighed og fik også troldmanden overlistet, så at han vågnede op af sin gode søvn med en sæk over hovedet. De fik ham forsvarligt stenet og dysset; men ulykkeligvis havde der været en revne i bælgen, så at manden fik kastet et blik op i lien, og der hvor før havde været frodigt græsland, svedes alt af som under en hvirvelvind, og der kom aldrig grønt op på stedet mere.

Sjælens ævner

Men skal vi forstå Nordboens tanker om sig selv, må vi rydde endnu mere eftertrykkeligt op i vore tilvante forestillinger om hvad liv og sjæl er. Ifølge hans oplevelse rækker sjælen langt ud over kroppens grænser, så at den kan gøre sig gældende på afstand. Også vi anerkender jo det faktum, at et menneske udøver en vis indflydelse gennem sine ord og handlinger, ja at han gennem sin blotte tilstedeværelse griber ind i sine omgivelsers vilje; men vi udskiller i vor tanke denne atmosfære, som omgiver mennesket, fra personen selv og bestemmer den som en virkning af hans åndelige liv. Nordboerne derimod byggede deres psykologi over erfaringen som helhed; alt hvad der udgik fra manden, og alt hvad der bar hans mærke, alle de former hvori hans liv gav sig til kende, betragtede de som ham selv. Det navn som kendetegner ham og som for alle indeholder hans anseelse, hans historie og hans slægts ære, er hans sjæl, og derfor indeholder et ry som går om helten efter døden og får efterkommerne til at nævne hans navn, et virkeligt liv, som overvinder døden. Og på den anden side, ved at misbruge navnet og forhåne det skader man dets bærer lige så eftertrykkeligt, som hvis man hugger i hans levende kød; Nordboens iver efter at hævne krænkelse af hans gode navn og rygte var lige så vel begrundet som hans umiddelbare trang til at værge sig mod legemligt overfald. De ord som går over mandens læber, indeholder hans levende sjæl, og derfor har de en sådan magt over de tilhørere der giver ordene rum i sig. Når kongen sendte sine mænd ud med en velsignelse og sagde: jeg sender min lykke med, da bar de hans vilje og hans sejrsæle i deres legeme; de formåede mere i kamp, og de havde en højere myndighed i deres ord, som bøjede tilhørerne til lydighed. At komme i kongens navn var i fortiden ikke en tom formalitet; udsendingen var iklædt sin herres navn, og dermed hans ære og lykke, så at hans ord og gerninger havde samme myndighed, som om de kom fra kongens egen mund og hånd. Men ligesom velsignelsen fra en stor mand bliver en følelig styrkelse, således er forbandelsen fra fjendens mund en krænkelse og en svækkelse; smædeordene sniger sig ind i ledemod og marv og suger kraften både fra tanker og muskler i den forbandede, og hvis han ikke med våben eller på anden vis overvinder denne fjendemagt, står hans liv på spil. Denne ordets magt er motivet i Saxos fortælling om Hading. Det hedder sig, at Hading engang havde dræbt et underligt dyr, som gik løs på ham under badningen, og da han senere pralede af sin dåd, fik han besøg af en kvinde, der med sine forbandelser viede ham til ulykke, hvor han færdedes på land eller hav: »Hvad enten du skrider til fods over marken, eller du hejser sejl på søen, skal gudernes had følge dig, og overalt skal du se elementerne trodse dine forsæt. På marken skal din fod snuble, på søen skal du tumles om; en evig storm skal hyle om dig hvor du går, aldrig skal isen tø på dine sejl. Intet tag skal give dig ly, — kryber du under et, skal det falde for uvejret. Din hjord skal omkomme for frostbid. Alting skal visne, og klage over at din ånde har rørt det. Du skal skys som en pestbefængt, — ingen syge være mere stinkende end du!« Og således gik det Hading, siger Saxo: han blev en niding, hvem alle måtte sky, fordi der udgik fordærvelse fra ham; forbandelsen veg ikke, før han havde sonet sin brøde ved offer.

Tankerne går ud og virker deres vilje; andre mennesker kan føle, hvordan en fremmed sjæl lægger sig knugende på dem. Engang sendte Olav Tryggvason sin gode mand Halfred Vanrådeskjald ud på et farligt togt mod en genstridig stormand, Torlejf den Spage, og han øgede Halfreds styrke med noget af sin egen, idet han til afsked sagde: »Jeg skal lægge min lykke til, og tag så mange mænd med dig som du vil.« Da Halfred var kommet i nærheden af Torlejfs gård, lod han sine mænd vente i skoven og klædte sig selv ud som en rigtig landstryger; så stavrede han frem til folk med en pose på ryggen, men i posen lå hans sværd, som han havde fået af kongen. Torlejf spurgte hvem han var. »En fattig mand,« svarede Halfred, »som har haft uheld med sig i kongsgården og nu trænger til beskyttelse.« »Var der en mand hos kongen som hed Halfred,« spurgte bonden. »Jeg har hørt tale om ham, og det var ikke lutter ros,« svarer stavkarlen. »Ham drømmer jeg tit om,« fortsatte Torlejf, »og det er der vel ikke noget underligt i; der kommer snart kongsmænd på besøg, men denne Halfred kan jeg ikke få rede på, og mine anelser svigter mig helt om hvad der venter mig.« I det samme gik det op for ham hvem den fremmede var; men inden han kom på benene, havde Halfred ham under sig. Da sagde Torlejf: »Du har kongens lykke med dig, jeg har længe haft bange anelser om dig, og nu er de gået i opfyldelse.« Torlejf hed ikke for intet den spage, han havde den visdom som ser ud i fremtiden, men nu havde Halfreds og kongens lykke overmandet ham fra det fjærne og kværket hans visdom og fremsyn; hans anelser svigtede ham, det hedder på hans eget sprog: min lykke er svundet overfor det som skal komme.

Disse tanker som gik ud, var intet andet end mandens sjæl; når mennesker følte fremmede kræfter i nærheden, sagde de: en mands hu har besøgt mig, og dette hu betyder i vort sprog såvel tanker eller sind som sjæl. Man mærker besøget rent umiddelbart som en fornemmelse af tyngde eller styrkelse, som mørke og forvirring i tankerne, som en knugende anelse og ufrihed; og i drømme tager den fremmede skikkelse og træder frem for blikket, så at man kan se hvem det er der pusler i tankerne omkring en, og forberede sig på hans komme i legemet.

Tit antager sjælen dyreskikkelse; Nordboerne troede på menneskets ævne til at slutte forbund med dyrene og skaffe sig deres kræfter, og dermed fulgte også ævnen til at bruge deres krop som et redskab for tanke og vilje. Det fortælles om to islandske bønder, at de om natten gjorde deres nabostridigheder op ude mellem gårdene; en mand der så lidt mere end det allernærmeste, var engang vidne til at der ud af gårdene kom en bjørn og en tyr, og de to holdt sådan opgør med hinanden, at jorden blev som pløjet. Og om morgenen lå bønderne i sengen med brådne lemmer. I Rolf Krakes sidste kamp så fjenderne en stor bjørn gå foran fylkingen og stedse nærmest kongen; han dræbte flere mænd med sine labber end fem kæmper tilsammen. Men bjørnen forsvandt, da Hjalte havde vækket Bødvar Bjarke af hans tunge søvn inde i hallen og trukket ham ud i kamptummelen.

Nordboernes sociale liv er bygget op over denne oplevelse af at mennesket strålede sjæl ud omkring sig. Man skyede den onde, nidingen, fordi man ikke vilde have, at hans tanker og ulykkebringende vilje skulde smyge sig ind og smitte livet. På den anden side var venskabet en virkelig sammensmæltning af liv og tanker; de to blandede sjæl eller sind, som det gamle udtryk lyder, og derfor måtte de stå last og brast med hinanden. Den ene kunde ikke lide nogen krænkelse, uden at hans stalbroder følte svækkelsen i sig selv ved ærens forringelse. I alle de gamle ceremonier er der livskraft, som gør dem umiddelbart bindende. Ved den simple berøring går der sjæl ud og gennem-

bæver modtageren, og derfor kan håndslaget være besegling af et løfte og
ende på fjendskab; de to får overdraget et levende ord, som kan give dem
tryghed og tillid.

Slægtens ejendele

Men sjælen rækker efter Nordboens erfaring videre endnu, idet den åben-
barer sig i alt hvad der er præget af mandens eller rettere slægtens karakter
og udgør dens ydre personlighed. Hvad slægten besidder og bruger er dens
ejendom i kraft af en indre livsforbindelse mellem ejeren og tingen. Medens
vi opfatter ejendomsret som en ydre juridisk bekræftelse af vor besiddelse,
følte Nordboen ejendommen som sin, fordi han stod i en indre livsforbin-
delse med den. Hans kraft var i sværdet og spydet, og derfor er det at våbnet
lyder hans hånd så villigt og så sikkert; men til hans kraft hører jo både egen-
skaber og særheder; den fortids bedrifter som er ophobet i skikkelse af ære
og lykke, sidder i slægtens våben og klæder. I sagnene om de store berømte
ætter møder vi jo atter og atter våbnets eller guldets vilje. Vi hører om
Niflungeskatten, der bærer drab med sig hvor den kommer hen; den har i sig
en sjæl og en vilje, som gør sig gældende inden i ejermanden og lægger tan-
ker og ærgerrighed ind i ham. Sagnet har sin forklaring på denne egenrådig-
hed i guldet, —«det er engang af guderne blevet røvet fra dværgen Andvare,
og i det øjeblik den dyrebare ring blev revet ud af hans hånd, lagde han sin
fordærvelige vilje ind i den, og sagde at den stedse skulde volde sin ejer-
mands bane. Guldet kom til Hreidmar som bod for drabet på hans søn Otr,
og straks viste guldet sin kraft, ti Hreidmar vilde ikke unde sine sønner del i
boden, og af vrede over forurettelsen lagde de to, Fafner og Regin, råd op
imod ham og dræbte, ham. Da atter Fafner forholdt sin broder hans del af
fædrenearven og lagde sig som en drage til at ruge over skatten, hidsede

Regin sin fostersøn, den unge Sigurd, op til hævn og smedede ham det uimodståelige sværd Gram. Sigurd fældede dragen, og straks efter huggede han hovedet af sin fosterfader, der lå og pønsede på rænker mod den yngling som han havde udvalgt til at øve en dåd han ikke selv orkede. Så læssede Sigurd guldet på sin hest, Grane, og førte det ud på ny blandt mennesker. I Gjukungernes gård fandt han sig en brud, Gudrun, Og siden drog han i følge med sin svoger Gunnar ud for at vinde Brynhild og hente hende ud af lue-borgen på fjældet. Gunnars hest turde ikke trodse flammegærdet, og Grane tålte ikke nogen fremmed rytter på sin ryg; da skiftede de to svogre skik-kelse, og Sigurd red gennem luen; derinde holdt han bryllup med Brynhild, og de to sov med Gram imellem sig, men til morgengave skænkede han bru-den Andvares ring. Siden tog de to svogre hver sin skikkelse igen og sad sam-men på gården i fred hver med sin hustru. En dag kom Gudrun og Brynhild i strid om hvem der havde den ypperste husbond; Gudrun pegede på ringen om Brynhilds arm og sagde: »Tror du, det var Gunnar som hentede den i drageboet?« Brynhild blev tavs, ti hun havde aflagt det løfte, at hun kun vilde eje den ypperste mand, som turde trænge gennem luen omkring hendes leje, og da hun nu så, at det var Sigurd som havde ret til hendes kærlighed, æg-gede hun svogrene op imod ham. Da der kom bud om at Sigurd var dræbt, beredte hun selv bålet for sig og for den mand som hun skulde have ejet. Gunnar og Høgne tog skatten og Andvareringen og rådede for landet; de gav deres søster til Atle, Brynhilds broder, han bød dem til gæstebud, og trods søsterens advarsler begav de sig på vej. Atle havde samlet så mandstærk en hær i gildegården, at han kunde tage Gunnar og Høgne levende, men skatten fik han ikke, ti Gjukungerne havde gemt Fafners arv på bunden af Rhinen; leende lod Høgne sit hjærte slide af brystet, og Gunnar slog harpen i orme-graven, til en af yngelen åd sig ind i hans lever. Evig skal Rhinen råde for mændenes tvistmalm, gudeættede Niflungers arv.

Andvareringen er ikke et symbol på skæbnen, ikke heller en udvortes frister; menneskene og guldet er én sjæl og gennemtrænger hinanden i følelser og motiver. I denne sammensætning ligger det helstøbte i fortællingen, som aldrig helt lader sig genskabe ved overflytning til en anden kultur og et andet sprog.

I det mægtige Tyrfingsagn gør også sværdets vilje sig gældende; det stolte, eftertragtede våben skal volde en mand bane hver gang det drages, og blive årsag til tre nidingsværker. Angantyr bærer det fra kamp til kamp og tager det med sig i højen, da han ikke har nogen søn, som kan tage det i arv; men hans datter Hervør henter det hos dødningen og bringer det ud i livet på ny. Hun gemmer det som en kostelig gave til sin yndlingssøn, og straks da det første gang farer af skeden, kræver det blod, og Heidrek bliver sin broders banemand. I dette sværd er ættens vildskab indlagt, tillige med dens kamplyst og våbenglæde, — som vi ret mangelfuldt vil udtrykke sagen.

Til disse højtspændte scener fra digtningen svarer den daglige virkelighed, som den træder os i møde i saga og love. Når kongen rakte sin tro mand sværdet og føjede til: »min lykke skal følge«, fik modtageren fyrstens velsignelse i håndgribelig form, og det våben bar for fremtiden navnet Kongsgave som en antydning af de kræfter der lå i stålet. Inden for ætten var arvegangen bestemt af det åndelige hensyn som lå i at ejendelene indeholdt frændernes liv og lykke. Ættens fornemste økse eller spyd skulde gå til den ypperste mand som et levende bevis på hans værdighed og ansvar; den som arver jorden, ham tilkommer også brynjen og dermed pligten til at drage omsorg for hævn og bod, siger en lov blandt Nordboernes frænder sydpå, og de ord udtaler princippet i nordisk arvegang. Dengang branden på Njals gård var slukket og vennerne kom for at søge efter ligene, fandt de ved siden af Skarphedin hans berømte økse hugget ind i tømmeret, så hårdt at æggen var uskadt; en tog øksen op og sagde: »Dette er et sjældent våben, få kan bære det.« »Jeg ved en mand der kan, og han skal bære øksen,« svarede Kåre Sølmundsøn, »det er Torgeir Skorargeir, som jeg nu agter for at være den ypperste i den æt.« Da Glum skiltes fra sin morfader, Vigfus, i Norge for at drage ud og overtage sin gård på Island, sagde den gamle ved afskeden: »Det aner mig, at vi aldrig skal ses mere, men her vil jeg give dig nogle kostbarheder, en kappe, et spyd og et sværd, som vi frænder har sat vor lid til; og medens du passer på dem, tror jeg ikke din anseelse står i fare, men jeg ængstes for hvad der vil ske, hvis du skiller dig ved dem.« Glum var en lang tid uovervindelig i alle sine handeler; men da han til sidst gav sine klenodier bort som tak for ydet hjælp, fik hans fjender magt med ham og drev ham endog fra gård og hjem.

Også ved livets begyndelse gør ejendelene deres iboende kraft gældende. Ved navnegivningen blev barnet taget ind i ætten og gjort delagtig i dens ære og lykke; navnet var ikke en tom klang, det havde gået i slægten og var fyldt med dens sjæl og minder, der således indplantedes i den nye frænde. Men for at navnet skulde blive til liv, blev det »fæstet« ved en gave, som ordet lød. I en legende fra den norske kongeslægt fortælles hvordan Olav Hellige fik sværdet Bæsing fra sin stamfader og navnefælle. Hans moder, Asta, havde en meget hård fødsel, og det så ud til at barnet skulde koste hende livet; da hentede en ven tre dyrebare ting fra den gamle Olav Geirstadalfs gravhøj, et bælte, en ring og sværdet; bæltet lagde han om den lidende dronning, og straks kom barnet frem, men til drengen gav han høvdingesmykkerne og sagde, at han skulde hedde Olav.

Menneskene og tingene kunde aldrig rives helt ud fra hinanden. For at forstå fylden i denne erfaring må vi huske, at ejendelene den gang var arvestykker og langt inderligere knyttede til besidderne end nu om stunder, da tingene flagrer løst fra hånd til hånd. At miste sit gods var fordum både en ulykke og en skam, ti tabet betød et åndeligt sår; og derfor hadede og afskyede Nordboen tyven, som listede livet fra sin næste i hemmelighed, med et ubarmhjærtigt had som en slags lønmorder. Slægten kunde egentlig aldrig afhænde sine dyrebare ejendele, ti hvor langt de end gik omkring, bar de sjælen i sig; blev de givet bort som gaver, havde giveren eller hans arvinger ret til at fordre dem tilbage ved modtagerens død. Gaven var et kraftigt middel til at knytte mennesker sammen i venskab, ti med gaven fulgte både sind og lykke. Modtageren blev halvt frænde, fordi han i gaven fik del i sin vens forfædre og deres bedrifter, sådan som de var nedlagte i våben og smykker; og give-ren måtte se nøje til, før han sluttede venskab, da han gennem sin gave gav sig selv hen i et andet menneskes vold. Så inderlig var denne sjæleblanding, at de to måtte stå last og brast med hinanden og ligefrem bære ansvaret for hinandens handlinger. Denne dybe vilje og tilbøjelighed, som ligger indeslut-tet i gaven, er det også som skaber trofasthed og kærlighed i ægteskabet; når den nordiske hustru ene lever for sin mands ære, rådende, æggende, of-rende, og kun overlever ham for at hævne hans fald, da er det, fordi hun er fæstet med brudesum, — mellem hendes æt og husbondens er der gået for-bindende gaver.

Så stor var tingenes magt, at de endogså kunde forvandle dødsfjender til brødre, dette er sjælen i drabsboden. Når den faldnes liv er bødet, skal de to ætter være forligte til at mødes ved øl og måltid, på tinge og folkestævne, til at dele kniv og kødstykke og alt sig imellem som frænder og ikke som fjen-der.

Da således ejendele var åndelige værdier, går alle følelser ved gaver og kost-barheder i ganske andre baner end hos os. Vi finder rasende begær side om side med strålende gavmildhed, den køligste forsigtighed og afvejen overfor tilbudte gaver står side om side med ungdommelig fryd over at blive hædret med skænk. Da Egil havde mistet sin broder i slaget på Vinhede, hvor de begge havde kæmpet for kong Adelsten, sad han mut og mørk i kongens hal; kongen strøg en ring af sin arm og rakte den til kæmpen, og med ét glattedes furerne i hans ansigt, og han brød ud i et begejstret vers til giverens pris. Bjarkemål er en hymne over kongetroskaben: kæmpen jubler ved tanken på at han skal finde døden ved sin herres fod, og synger på valpladsen sin be-gejstring ud over den fyrste som ikke havde sin lige under solen. Men denne næsten sværmeriske hengivenhed for kongen finder sit højeste udtryk i lov-prisningen over hans gavmildhed, den hidser sig op ved mindet om det guld som krigeren har modtaget af hans hånd; disse gaver var ham en ære, fordi de indeholdt kongens lykke og kongens venskab, hans bedrifter og hans ry, og derfor strålede de stærke følelser ind i kongsmanden. Drabsbodens berettigelse ligger i, at den skænker en åndelig oprejsning og derfor kunde forene de hjærter i hengivenhed som før havde blusset i had. Mellem ligemænd måtte gaven lønnes, ti gave og gengave betød en udveksling af venskab og godvilje. Den der nægtede at modtage gaven viste sin foragt for giveren som en der ikke var værd at slutte forbund med; og at modtage en gave uden at lønne den kunde ene betyde, at man nok vilde bruge sin næste som sit redskab, men ikke vilde give sig selv hen. Begge dele fremkaldte en luende vrede, som ofte slog ud i hævn.

Den åndelige sammenhæng mellem mennesker og deres ejendele virker gennem hele livet fra det højeste til det laveste. Den præger Nordboernes stolteste digtninge, og den finder udtryk i hverdagslige skikke og juridiske paragraffer. Al omgang var begrundet i venskab, og al handel fandt sted under form af gaveskifte. I sene tider, da Norden blev inddraget i det europæiske købmandsliv, bevarede almuen sine gamle vaner og sin gamle forsigtighed i handel og vandel. Når bonden solgte sin ko, passede han omhyggeligt på at bevare noget af dens hår, ti koen skulde vel gå over til den fremmede, men den måtte ikke tage gårdens lykke med sig. Handelen blev fuldbyrdet gennem lidkøb, hvor de to drak hinanden til og således beviste deres ærlighed og venskab; først da gik kreaturet helt over i køberens besiddelse, ti ved samdrikken fik han sikkerhed for at den anden gav ham lykke til at bruge sin nye erhvervelse.

Til mandens jeg hørte altså våben og klæder, kvæg og jord. Alt var fyldt med slægtens liv, og jo inderligere ejendommen var knyttet til ætten, enten på grund af sin værdifuldhed eller fordi den længe havde været i slægtens besiddelse, des mere sjæl indeholdt den. Allerkraftigst gav ættens sjæl sig til kende inde i huset, fornemmeligst i arnen og højsædet, hvor husherren havde sin plads mellem højsædestøtterne. Når manden kom inden for sin dør, blev han en helligere person, og en krænkelse som tilføjedes ham inde i hushelgen, var dybere og mere skadelig end angreb på alfarvej, fordi den ramte nærmere livskilden. Medens et almindeligt drab under almindelige forhold kunde sones med bøder, var brud på hjemfreden fra først af forbundet med fredløshed, og selv da den strænge håndhævelse slappedes, blev det altid vurderet med flerdobbelt mandebod. På anden måde viser denne hellighed sig i løftet som aflagdes på stok; manden satte da foden på de hellige bjælker omkring ilden og gjorde sig til ét med slægten, han ledede således dens samlede lykke og kraft ind i sine ord og bandt alle sine frænder, både levende og døde, til løftets opfyldelse. Løftet på stok var da nær i slægt med den ed som mændene ude i livet aflagde med hænderne knyttede om spydstagen eller sværdfæstet.

Livet var kraft, forfædrenes kraft, som pulserede fyldt med bedrifter og lykke i efterkommerne. Men da livet var lykke og ære, kunde det ene opholdes ved en stadig fornyelse. Om de unge vilde være sunde, måtte de vise sig fædrene værdige, i den bogstavelige forstand at de gjorde de hedenfarnes gerninger om igen og således genfødte dem. Ættens sjæl gav sig blandt andet til kende i den anseelse som slægten havde i bygden; dens bærere kunde ikke leve et virkeligt liv, uden de hævdede den stilling som forfædrene havde grundlagt. Enhver krænkelse betød da ikke alene en vanære, men en forringelse i lykke, og dersom tabet ikke blev genoprettet, ebbede livet ud; en slægt der ikke sørgede for at få erstatning for sin skade gennem hævn, måtte vente at sygne hen og dø ud. Vanæren viste sig i svindende dådskraft hos mændene og i ufrugtbarhed hos kvinderne.

Nordboernes religion

Helligstedet

Således går der et fælles liv eller en fælles sjæl gennem hele slægten. Den opfylder al dens ejendom, gennemtrænger dens hjem og dens jord, og den har et midtpunkt hvor den er samlet i hele sin fylde, nemlig helligstedet. Af udseende kan helligstedet være meget forskelligt; ofte består det i et enkelt træ eller en sten, en klippe eller en fos, hos fornemme slægter omfattede det en hel lund eller et fjæld. Men hvor forskellige end helligstederne kunde være udvortes, havde de alle vegne samme indre værdi: ætten følte, at det liv som lå bag ved de levende frænder og forenede dem med forgangne slægter, var samlet et bestemt sted, og at der fra denne kilde udgik liv og lykke.

Da de norske stormandsslægter udvandrede til Island, var deres første omsorg at genrejse de gamle helligsteder. I Eyrbyggja saga fortælles, hvorledes Torolf Mosterskæg grundede sig et nyt hjem. Da han var kommet ind under land, kastede han sine højsædestøtter over bord, og sagde at han vilde bygge der hvor Tor lod dem komme i land. Det sted hvor støtterne drev ind, kaldtes siden for Torsnæs. På det ligger et fjæld, og for det fjæld havde Torolf så megen ærefrygt, at ingen måtte se derhen førend han havde tvættet sig, ej heller måtte nogen, hvad enten det var dyr eller mennesker, miste livet der. Det fjæld kaldte han Helgefjæld, og han troede, at derhen vilde han selv komme med alle sine frænder. På tangen af det næs hvor Torstøtterne kom i land,

lod han holde dom og oprettede der et herredsting; det sted var også så høj-
helligt, at marken aldrig måtte vanhelliges ved kamp og blodsudgydelse lige
så lidt som ved anden menneskelig forurening.

Festen

Den helhedssjæl som gennem skiftende tider holder slægten oppe, er gu-
derne eller magterne. I festen kommer guderne frem og tager alt i besid-
delse. Festen er mødet mellem guder og mennesker, i den forstand at det
højeste guddommelige liv fylder hele huset, svøber sig om alt og alle, gør tin-
gene til helligdomme og menneskene til guder. Derfor er enhver voldshand-
ling under festfreden en helligbrøde, en krænkelse af det guddommelige;
drabsmanden hedder ulv i helligdommen — *varg i véum* —, fordi han har
tilføjet guderne selv et blødende sår gennem sit hug.

Hovtomt fra Island. I forgrunden ses blothuset, og bag det blotsalen.

Festen fandt sted i hallen eller dagligstuen. I midten af stuen brændte en ild, og på begge sider af arnen var der forhøjninger med bænke, hvor mændene sad på rad langs væggene; midt på langvæggen stod højsædet, indrammet af højsædestøtterne, og der havde faderen eller slægtens fører sin plads. Helligstedet lå oftest under åben himmel, afmærket ved en stenhob eller hørg, men stundom er der på stedet blevet opført et lille blothus til at rumme de hellige genstande. På Island begyndte man i vikingetiden at opføre hov, som ikke er andet end gæstebudssale til at rumme festforsamlingen, og denne blotsal blev da bygget sammen med blothuset, så at dette kom til at danne et lille »afhus«, lignende koret i de kristne kirker. Det oprindelige forhold giver sig til kende i at de to ikke blev sat i direkte forbindelse med hinanden, til trods for sammenbygningen; blothuset skiltes fra hovsalen ved en fast mur og havde sin egen indgang. Sandsynligvis har de kristne kirkebygninger i England tjent som forbillede for de islandske hov.

Festen begyndte med en helligelse. Alle deltagerne afførte sig det daglige liv med dets urenhed og iførte sig slægtens fulde guddommelighed; hvorledes denne indvielse er gået for sig ved vi ikke, — formodentlig er magterne blevet hentet ind gennem en procession til helligstedet. Under højtidsfulde former blev der slagtet og brygget til det hellige gilde, der nåede sit højdepunkt i drikkelaget. Efter at kødet var spist, blev bordene taget bort, og ølhornet begyndte at gå fra hånd til hånd. Først blev det båret frem til høvdingen, som tronede i højsædet, han tog det og udtalte et helligt ord til vielse og til bestemmelse af den virkning som drikken skulde have for deltagerne; en sådan formel er bevaret i brug ned i kristen tid, dens kærne var ordene: til år og fred, det vil sige: til velsignelse for bedriften og til samdrægtighed mellem frænderne. Efter vielsen tømte han hornet og rakte det til sin nabo, der fulgte ham i ord og gerning. Således gik hornet »i hænderne« fra mand til mand, indtil hele laget havde drukket; en sådan ceremoni kaldtes et bæger, eller senere en skål og et minne. Medens handlingen varede, herskede der stilhed i hallen: alle fulgte drikningen med spændt opmærksomhed, og vågede over at der ikke indsneg sig nogen uregelmæssighed som kunde skade offerets virkning. Denne form for kultus blev optaget i kristendommen og fortsattes middelalderen igennem, ja blandt almuen på landet helt ned til vor egen tid. I de middelalderlige gildelove får vi derfor et levende billede af andagten: det pålægges brødrene at rejse sig og modtage bægeret med ærbødighed, aldrig sætte det fra sig under handlingen, men gøre deres skyldighed mand for mand og række det til sidemanden, aldrig drikke bag om sin fælle eller på anden måde bryde kæden og samstemningen ved øllet.

Virkningen af dette sakrament med mad og øl var først og fremmest fred, eller styrkelse af frændskab og sammenhold; derfor skulde drikken gå fra mand til mand, så at alle kom til at danne en kæde af brødre; den værste forbrydelse var at springe en nabo over, således at man udskilte ham af samfundet og derved sprængte kredsens enhed. I fortællingen om Hakon Adelstensfostre får vi et indtryk af de følelser som besjælede deltagerne. Det berettes, at Hakon, som havde antaget kristendommen i England, vilde undslå sig for at deltage i blotgilderne, men folket knurrede og truede med oprør, om han ikke vilde gøre som hans forfædre havde gjort. På Sigurd Jarls indtrængende anmodning lod kongen sig bevæge til at gabe over offerkedlens hank, som var fugtig af emmen fra kødet. Derpå gik han til sit højsæde, og ingen af parterne var rigtig tilfreds. Ligeledes blev han tvunget til at tage ved hornet, som Sigurd Jarl havde viet, og da han vilde værge sig ved at gøre korsets tegn over drikken, lød råbet: »hvorfor gør kongen det, vil han ikke blote?« og der blev ikke fred førend Sigurd havde bortforklaret korstegnet som Tors hammermærke, der skulde vie drikken. En konge som ikke åd og drak i den hellige fest med sit folk, havde dermed sat sig selv uden for samfundet; ingen kunde tro ham eller stole på ham, ti han var blevet som en fremmed. Men drikken bragte endnu mere, med den fløed der lykke gennem rækkerne; fra festen kom der styrke og mod i sindene, og fra festen strømmede der velsignelse ud i årets gerning, I festens genfødes lykken, og lykke var jo for Nordboerne legemlig og åndelig på én gang; i øllet svømmede digt og drøm lige så godt som frugtbarhed på ager og eng. Hakons egensindighed vilde koste hele landets velfærd.

I festen beredtes den kommende tid. De årlig tilbagevendende offergilder indledede årets syssel, og gjorde at dets arbejde på marken blev kronet med held. Ethvert større foretagende måtte grundlægges i et blot; det hedder om vikingerne, når de var rustede til et togt, at skibene lå sejlklare og øllet var brygget. I blotgildet blev ligefrem de kommende begivenheder skabt. I Njals saga fortælles, at en mand engang i et syn så nogle kvinder væve krigens væv, med mennesketarme til islæt og pil til skyttel, og alt mens de vævede, sang de Darradsangen:

> »Spyd vil knage, skjolde brage, økser fare i jærn.
> Væve, væve, Darradsvæv, siden følge vi fyrsten. Hvor mændenes skjolde
>   blodige skues, skærmer valkyrjer kongen.
> Væve, væve Darradsvæv, kongens var den forhen; frem vil vi gange,
>   storme i kampen, hvor vennernes våben røres.
> De skal land råde som hutrede på stranden; en konge, en mægtig, siger
>   jeg døden, nu er jarlen falden for odde.
> Nu er væv vævet, nu er val rødnet, dødsbud skal fare om land.«

I dette digt har skjalden hentet inspiration fra blotsalen og omsat dens idé til et poetisk billede; når han siger: »Nu er jarlen falden for odde, nu er væv vævet, nu er val rødnet,« udtrykker han stemningen fra blotet, når de hellige ord forbundne med nydelsen af øllet ikke alene fødte kraft til bedrifter, men ligefrem manede stordåd frem af den kommende tid. Et andet udtryk for denne forudgriben er manddomsløftet, som blev aflagt ved bragebægeret, det vil sige kraftdrikken. Ved det arveøl som Svend Tveskæg holdt over sin fader, skabte jo alle deltagerne deres fremtid. Svend drak sin faders minde-bæger og aflagde det løfte, at før der var ledet tre vintre, skulde han være draget til England og enten have drevet Kong Ethelred af lande eller have taget hans liv; efter ham fulgte alle Jomsvikingerne med deres skæbne-svangre løfter om at vriste Norge ud af Jarl Hakons hånd. Svends stordåds-løfte og Darradsangen udfylder og oplyser hinanden.

Derfor udgik der varsler fra gildet; på allehånde tegn kunde man se, om lykken var fuldbyrdet: om slaget var åndeligt vundet, om årets høst var bjærget. Engang holdt Hakon Jarl et blot før slaget, og mens han endnu blotede, kom ravnene flyvende til tegn på at sejren var ham vis, og at der vilde blive mange slagne fjender til kampfuglene at slide i. Ikke blot tog man varsler af alt hvad der forefaldt ved blotet, men man fremkaldte varsel på forskellige måder. Ofte omtales varselstene, som åbenbart har været brugt til lodkastning; de kaldtes blóttene og deri ligger en antydning af at de var inspirerede af festens kraft, ti blót er betegnelse for den handling at fylde mennesker og ting med guddomsmagt gennem offer.

Når maden og øllet kunde have så store virkninger, beroede det på at de indeholdt gudernes kraft eller guderne selv. Men øllet alene gjorde det ikke, ti guderne var lige så fuldt til stede i mændene selv, i luften som de indåndede, og i stedet hvor de sad. Kort sagt, det var slægten selv som rådede i alt, det var ikke en enkelt generation som handlede i endrægtighed, men ætten i dens evige skikkelse, sådan som den rakte bagud i fortiden og fremad til ufødte slægtled. Derfor bliver alt hvad mændene foretager sig, til handlinger med forbilledlig og skabende kraft.

Ved kulten har da også digtet og fortællingen sin plads. Alt hvad slægten gemmer af dyrebare minder, om forfædrenes bedrifter, om verdens tilblivelse, om jætternes overvindelse bliver gjort levende gennem ord og gennem dramatisk fremstilling. Ikke således at forstå, at der har fundet teatralske forestillinger sted ved blotet, men de forskellige ceremonier har for fællerne haft en billedlig betydning, hvorved de gamle legender blev gjort levende og nærværende for deres øjne. Fremstillingen var ikke alene en amindelse om fortiden, men i højere grad en fornyelse: slægten stod frem og gennemlevede sit rige liv, så at det blev genfødt. Religionen med sine ceremonier svarer til den praktiske oplevelse; fortiden var jo for Nordboerne ikke en skat, som de ejede ved arv, den var et liv inden i frænderne, og livet måtte bevise sin kraft ved atter og atter at skabe forfædrenes gerninger.

Arveøllet

En vigtig fest var arveøllet, og der ser vi tydeligt, hvorledes blotet skabte nyt liv eller skabte livet nyt. Dødens fare ligger ikke i at den afslutter den enkeltes levnedsløb, men i at den i sig indeholder en trusel mod hele slægtens liv, forsåvidt som jo fjendtlige magter ved den er brudt ind og har slået et hul i frændegærdet. Det fjendske måtte overvindes, for at ætten igen kunde vinde sin gamle kraft. Så længe denne oprejsning ikke var sket, levede frænderne under en skygge; højsædet stod tomt, og vi hører, at mændene holdt sig for sig selv og nødig gik til ting eller andre steder hvor folk samledes. Denne mellemtilstand blev ophævet ved arveøllet, når blotet fuldbragtes og arvingen steg op for at sætte sig i højsædet. Det er da naturligt, at manddomsløftet, der var en fornyelse af ættens bedrifter, havde sin plads ved gravøllet, og fortællingen om Svend Tveskægs fest over sin fader indeholder et kulturhistorisk sandt billede, hvordan det nu end forholder sig med dens historiske korrekthed.

»Når der blev holdt arveøl efter gammel sæd,« siger Fagrskinna i sin beretning, »da var det en pligt at holde det i det år da den var død som arveøllet gjaldt; men den som holdt gildet, måtte ikke sætte sig i den mands sæde som han arvede, førend man drak arveøllet. Den første aften da mænd kom til gildet, skulde der skænkes mange bægere på samme måde som nu« — det vil sige i middelalderen — »minner drikkes. Og man viede disse bægere til sine mægtigste frænder eller til Tor eller andre af de guder som man havde i hedenskabet. Men til sidst skulde manddomsbægeret skænkes, og da skulde den som holdt gravøllet, aflægge løfte på manddomsbægeret og med ham alle de som deltog i gildet, og efter det stige op i dens sæde hvem arveøllet gjaldt. Den første aften da Kong Svend og Sigvalde Jarl drak deres fædres gravøl, satte kongen mænd til at bringe Jomsvikingernes høvdinge den stærkeste drik, og de blev overmåde drukne; men da manddomsbægeret blev skænket, førend endnu Svend Konge steg op i sin faders sæde, aflagde han det løfte, at før der var gået tre vintre, skulde han drage til England med en hær og dræbe Kong Ethelred eller drive ham af landet, eller selv finde døden hvis det ikke lykkedes. Efter at kongen havde sagt dette og sat sig i sin faders sæde, aflagde Sigvalde Jarl det løfte, at før tre vintre var gået, skulde han have dræbt Hakon Jarl af Norge eller have drevet ham af lande. Sigvaldes broder, Torkel, lovede at følge sin broder til Norge og ikke fly førend Sigvaldes skib var to længder til agters for hans, hvis de sloges til søs, eller han havde Sigvaldes mærke i ryggen, hvis de sloges til lands.« Efter dem fulgte de øvrige Jomsvikinger hver med sit løfte.

Gravøllet var en styrkefest og ikke en sørgehøjtid. I det viste ættens lykke sin usvækkede kraft ved at kalde glæden og munterheden frem. Nordboernes tryghed beroede på at slægten havde midler til at overvinde dødens trusel og til at bevare lykken både for dem der endnu virkede i lyset, og for dem der var gået til højen. I det stykke har Nordboerne holdt hart ved gamle sædvaner til stor forargelse for præsteskabet, der århundrede ud og århundrede ind tordnede mod den unyttige udgift og den usømmelige lystighed ved almuens gravøl.

Guderne

Guderne er da ikke adskilt fra mennesker ved en kløft. I festen tager de frænderne helt i deres besiddelse, så at det i bogstaveligste forstand er guder som går i hallen og gør evige gerninger. Ude i det praktiske liv er der grader i hellighed eller guddommelighed. Den store høvding med kongelykken var en hellig person, og til tegn bar han det lange hår. Kvinderne, som færdedes inde i hushelgen, var helligere end mændene, og denne guddommelighed giver sig tydeligt til kende i kvindens sociale stilling. Det var helligbrøde og derfor vanærende at forgribe sig på kvinden; hun kunde uden bekymring bruge ord som fra en mands mund vilde fremkalde hævn. Og sagaerne viser gang på gang, at mændene næsten med ærefrygt hørte på de råd som kvinden gav, og på de spådomme som hun fremførte — alt tegn på hendes forbindelse med det guddommelige bag livet. Men selv om der er grader af guddommelighed, følger ingenlunde at guder og mennesker smæltede sammen; den afgørende forskel ligger i at mennesker blot er en begrænset åbenbaring af lykken, medens guderne rummer hele slægtens liv.

Guderne eller det guddommelige åbenbarer sig i slægtens ejendele, og ganske særlig i de udmærkede genstande der gik i arv fra generation til generation, våben og smykker og pragtklæder. Oftest omtales høvdingens smykke, armringen; den havde sin plads i blothuset, og derfra blev den taget frem og båret af fyrsten, når han sad på tinge eller ledede i kampen. Også i kongens banner gik guderne foran hæren og beredte den vej gennem fjendens fylking. Endvidere boede det guddommelige i kreaturerne, og gennem de ypperste høveder åbenbarede visdommen sig ikke sjælden ved varsler. Endelig var gudernes kraft udbredt i huset, hvor den samlede sig i højsædestøtterne; derfor tog udflytterne altid støtterne med sig, når de drog til Island, og rejste dem i den nye gård. Ofte lod de guderne vise vejen og udpege det nye hjem; når de nærmede sig land, kastede de støtterne over bord, og der hvor de drev ind på kysten, tog de land og rejste gården.

Men guderne var ikke alene til stede som en kraft i huset og tingene, de antog også personlig skikkelse; de kunde åbenbare sig for deres venner, rådende, vejledende og advarende. Ofte kom de i kvindeskikkelse, som forståeligt er, da kvinden stod det hellige nærmere end manden. Som regel bar de intet navn, men hed simpelt hen: slægtens guder, slægtens diser, det vil sige kvinder, eller de kvinder som følger frænderne. I deres egenskab af beskyttende magter optræder de som fylgjer; de kan komme på besøg i drømme, men tit hænder det også, at manden møder sin fylgje eller sin æts fylgjer på vejen og modtager advarsel om lurende fjender. Fylgjerne fulgte alle slægtens medlemmer, men de var naturligvis i særlig grad knyttede til høvdingen som den ledende og den der havde det største ansvar for ættens ære og lykke; når han faldt fra, gik fylgjen over til hans eftermand. Engang drømte Glum på Island, at han så en mægtig kvinde skride op igennem dalen, og han gik ud for at tage imod hende og byde hende ind; nu vidste han, at hans morfader Vigfus var død i Norge, og at lykken søgte til ham som den største mand i ætten. Da Halfred Vanrådeskjald lå dødssyg om bord på sin sidste rejse fra Norge til Island, så man en kvinde komme skridende efter skibet; hun var stor og klædt i brynje, og hun gik på bølgerne, som var de fast grund. Halfred vendte blikket mod hende og sagde: »Nu siger jeg mig løs fra dig.« Hun gik til hans broder og sagde: »Vil du tage imod mig?« men han svarede nej. Da sagde Halfreds unge søn: »Jeg vil tage imod dig,« og derpå forsvandt hun; men Halfred lagde til: »Dig, min søn, vil jeg give sværdet Kongsgave; mine andre ejendele skal lægges i min kiste, hvis jeg dør på skibet.« I denne fortælling kommer de gamle tanker så meget stærkere frem, som de må brydes med kristendommens gudstro; Halfred var blevet omvendt af Olav Tryggvason, men hang med sit inderste hjærte ved sine fædres sæd. Det er da også for ham en selvfølge, at fylgjen og hans dyrebareste våben skulde følges ad, sådan som ættens lykke krævede.

Men guderne kunde meget vel erhverve sig et navn; i historien er jo Ladejarlernes guddom blevet berømt som Torgerd Hølgebrud. Og i Tor samledes i Norden guddommeligheden sammen til en fast udpræget skikkelse. Tor er menneskenes forsvarer, Midgårds værner, jætternes overvinder; han drager atter og atter ud til Jættehjem for at kue dæmonerne. En af hans myter fortæller om hans besøg hos jætten Geirrød; vejen går over fossende elve, som truer med at rive ham bort; Geirrøds døtre skjuler sig under hans stol og vil knuse ham mod taget, men han stæmmer sin stav mod loftet og tvinger stolen ned, så at utyskerne knækker ryggen; jætten selv slynger en gloende jærnstang mod hans hoved, men guden griber den i luften og sender den tilbage, så at jætten synker sammen ved foden af stolpen med gennemboret pande. En anden legende beskriver Tor, der fisker efter Midgårdsormen. En aften kom han til jætten Hymir ude ved det yderste hav og søgte husly for natten, men jætten kunde ikke se andet end at det var en ung knøs. Da Hymir i dagningen stod op for at ro til søs, var Tor lysvågen og ivrig efter at få lov til at slå følge; han fik et knuttet svar, at nogen nytte kunde så lille en knægt ikke gøre; men vilde han med, måtte han selv sørge for madding. Tor gik til jættens stald og vred hovedet af den største okse; derefter roede de ud, og Hymir syntes at det skred godt for den lille pog ved åren. Hver gang han vilde lægge årerne op for at begynde at trække fladfisk, roede Tor til, og jætten blev alt blegere om næbbet ved tanken på at de kom længere og længere ud på Midgårdsormens enemærker. Endelig tog guden årerne ind og satte sin madding på krogen, og straks bed ormen på oksehovedet, men da den mærkede krogen, rykkede den til, så at Tors næver slog mod rælingen. Da blev Tor vred og for i sin fulde gudestorhed; han stæmmede fødderne imod, til de gik gennem plankerne og tog fæste på havets bund. Jætten sad og rystede af skræk, og i det øjeblik Tor greb til hammeren, snittede han snøren over på rælingen, så at ormen sank tilbage i dybet. Tor kastede sin hammer efter den, og nogle siger at han slog hovedet af udyret, men måske er det mere troligt, at den endnu ligger på havets bund. Et ørefigen sendte Hymir over bord, og det sidste Tor så da han vadede i land, var jættens brede fodsåler. — Han prøver kræfter med turserne i Udgårdslokes hal, og kun ved synsforblændelser kan jætternes fyrste sno sig ud af klemmen. Med stor humor skildres i Tryms-kviden, hvorledes Tor ager forklædt som brud til Jættehjem for at hente sin hammer, der er blevet stjålet fra ham, mens han sov. Jætterne vil ikke give hammeren tilbage, uden at til gengæld Freyja vil drage fra gudeverdenen til Jættehjem, og som sædvanlig er det den listige Loke som finder på udvej. Tor må selv trække i brudedragt; hyllet i brudelin ager han til Jættehjem med Loke som sin terne, så at klipperne sprænges og jorden spruder gnister. Da jætterne hører braget fra Tors vogn, får de travlt med at rede til gilde, og bruden forbavser sine værter med sin mægtige appetit: en okse og otte laks sætter han til livs og skyller efter med tre tønder mjød; men Loke har forklaringen på rede hånd: »Så svart har bruden længtes, at hun intet har spist i otte døgn.« Da den elskovssyge jætte letter på linet, møder han et par lynende øjne, så han farer tilbage over i den anden ende af hallen; men Loke kender grunden: »Så svart har bruden længtes, at hun ikke har sovet i otte døgn.« Endelig kommer øjeblikket, da jætterne bærer hammeren ind for at lægge den i brudens skød, og hjærtet ler i Tors bryst, da han føler hammerskaftet i sin hånd; han rejser sig i sin gudevælde og knuser hele jætteyngelen. — Disse legender har gennemgået en literær behandling og er delvis blevet forvandlet til eventyr; men i deres grund er de ægte udtryk for den kamp der stedse føres mellem guder og mennesker på den ene side og trolddommen i det fremmede land, skoven og fjældet, på den anden. Og endnu i myternes sene kunstneriske udformning skinner der træk igennem som viser at de har haft deres plads ved blotet, hvor de er blevet levendegjort gennem handlingen. Blotet var en virkelig kamp, Tor var i sine dyrkere, når de styrkede sig med offermaden og øllet og gennem blotets ceremonier nedslog dæmonerne.

En helt anden skikkelse er Freyr. Medens Tor er bukkenes gud, der råder blandt småkvæget og først og fremmest dyrkes i slagtoffermåltidet, hører Freyr hjemme på de fagre kornvange i Sverrig og Danmark. I hans fester er der indkommet et fremmed element af sydlandsk herkomst, nemlig de ceremonier som er knyttet til udsæd og høst, og derfor er hans kultus præget af en sanselig exaltation, som vi kender vel fra Middelhavslandenes mysterier. Dette sanselige træk kommer også til syne i de myter der handler om Freyr og hans kreds, særlig Njørd og Freyja. Digtet Skirnesmål, det eneste bevarede Freyskvad, beskriver gudens attrå efter jættemøen Gerd i vers der har en unordisk glød. »Solen lyser dage lange, men aldrig for min længsel,« klager han, »i Gymers gårde så jeg gange den mø som har fanget min trå; hendes arme lyste og strålede glans over luft, over hav. Hende længes jeg mod, hedere end nogen sinde yngling længtes mod mø, men blandt aser og alfer findes ingen som under os elskov.« Da byder svenden Skirner sig til at ride på bejlerfærd til Jotunheim. Over mørke og vandkolde bjærge når han til Gymers gård, og sætter over Vaverluen så at det gungrer gennem alle huse, og Gerd undres hvem det er som rider så jorden ryster. Men alle hans bønner og gaver formår ikke at røre jættemøen. Da tager han til at forbande hende med trylleord, det ene rammere end det andet: uden fryd og mands gammen skal hun gå for stedse i et skiddent og skummelt land inde bag dødningers stængsel, hadet af guder og nidstirret af utysker. Kuet byder hun ham endelig velkommen med mjødbægeret, og hun lover at møde Freys længsel i lundens skumring, når der er ledet ni nætter. Freyr møder Skirner ude på vejen og kræver rede på ærendet, før han endnu er steget af hesten, og da han hører hendes svar, sukker han: »Lang er den ene nat, lange er tvende, hvor orker jeg at bie i tre; ofte tyktes en måned mig hastigere gangen end slig en halv længselsnat.«

Selv om digtet i sin Eddaform snarere er en elskovsstudie end et religiøst kvad, bærer det tydelige mærker af at være inspireret af ceremonier og sange der fejrede frugtbarheden på kornageren som virkningen af en guddommelig rituel besvangring. En antydning af ceremoniens art er givet i en norsk fortælling om Gunnar Helmings æventyr i Sverrig. Den unge mand måtte flygte over grænsen og fandt venlig modtagelse hos en præstinde, der tjente ved en Freyrhelligdom. Han følger med hende, når hun sammen med Freyr drager på gæsteri rundt i bygderne for at skaffe folkene godt år. Den stakkels Freyr føler sig til overs og bliver mere og mere ond på gæsten, og en dag da de bliver overfaldet af uvejr, går han løs på sin medbejler. I sin nød påkalder Gunnar Olavs gud, Krist, og lover at omvende sig til ret tro, hvis han slipper levende fra denne knibe, og ved sit gode forsæt får han kræfter til at vælte træskrumlet, så at den djævel der sidder derinde, tager til bens og ikke lader sig se mere. Derefter ifører Gunnar sig gudens aflagte klæder og spiller Freyr i de gæstebud som står tilbage, og folk bemærker med tilfredshed, at Freys hustru er i velsignede omstændigheder. En skønne dag forsvinder imidlertid Freyr og tager sin hustru og en god slump offergaver med sig; han dukker op i Norge, hvor han udsoner sig med kongen og bliver en velstående mand og en god kristen tillige. Som fortællingen står, er den en skæmtehistorie og en spotteglose mod de enfoldige Svenskere, så at vi skal gennem mange lag for at nå ind til de religionshistoriske kendsgerninger; men der er noget i Freys forhold til præstinden som tyder på en dramatisk ritus. Og en realitet af samme art ligger bag Skirnesmåls fortælling.

Odin og vikingetiden

I myterne om Odin træder det daglige liv på bondegården helt i baggrunden. Odin er den hvileløse kriger, som dukker op rundt omkring på valpladserne og ene har sin glæde der hvor stærke mænd mødes og giver hinanden ærens død. Han har sine yndlinge blandt fyrsterne, som han fører fra sejr til sejr, han hidser kongerne frem til stadig nye kampe, for at de skal fylde Valhal med kæmper. »Jeg drog om i Valland, hvor jeg vejrede kamp, hidsede fyrster op og forligte dem aldrig,« således lader digteren af Harbardsljod ham selv sige. Odin fører skjaldskab og runevisdom med sig; myten fortæller, hvorledes han røvede skjaldedrikken fra jætten Suttung og bragte den til gudernes hjem. Snorre har genfortalt den med barok humor, — med et eget gottende lune beretter han, hvorledes guden dristigt borede sig gennem klippen ind til jættens hule, dårede hans datter, mjødens vogterske, med elskov, og i ørnens brusende vingeslag for af gårde med den kostelige drik i sin mave; men jætten var efter ham som et sus, og Odin fik næppe tid til at spy drikken ud i de kar som guderne satte frem i gården, noget gik i nøden bagud, uden at nogen lagde mærke dertil, — det er der ingen som våger over, og der henter de dårlige digtere deres inspiration. Odin går fra kamp til kamp, men han går også fra det ene elskovsmøde til det andet; i Harbardsljod lader digteren ham prale af sin sejrrige leg med kvinder, og hans triumferen bekræftes af de mange kærlighedsæventyr som dukker op i hans myter. Odin hører hjemme på kongsgården, og hans legender afspejler livet ved erobrerfyrsternes hof med dets idealer, dets forgudelse af kampen, dets spøg og spot, dets raske, forsorne tone og dets beundring for digteren, som i hallen står frem og med rungende, kunstfulde vers sætter kongen et uforgængeligt minde.

Vikingetiden bragte nye idealer frem i visse kredse af de nordiske folk. Der opstod en ny type af høvdinger, som brød ud af det støtte, traditionsbårne liv hjemme i de hævdvundne omgivelser og gjorde livet til et storstilet spil om berømmelse og herredømme. De lagde bag sig det trygge, langsomtskridende i bondens færd og målte hans slid for brødet fra dag til dag med foragt. Odin ejer heltene som falder på val, men Tor ejer trællenes hob, synger disse riddere gennem digteren i Harbardsljod. De satte kampen op som heltens eneste vej til lykke, og de forvandler æren til ensidigt at være stridens ry og heltedødens eftermæle. Der er ikke sket noget brud i Nordens åndsliv eller religion, men de gamle idealer er blevet indsnævrede til kun at gælde kamp og krig, og derved har de fået en forhøjet, sværmerisk glans. Gennem vikingetidens myter og poesi står der gny fra det hastige liv, hvor mennesker så riger opstå og gå til grunde for deres øjne. Gennem digtningen tordner det af spydes bragen og skjoldes bristen, og det lyser af byer, som flammer rødt op mod himlen. I kampen får hele livet sin forklarelse. Livet måles ene og alene efter om det ophober ære og ry, døden bliver fejret som en indgang til helteparadiset, hvor stridens lyst fornyes uendeligt fra dag til dag og øllet flyder i hallen hver aften. Valhal er kongsgårdens forherligelse og livet hos Odin et evigt afbillede af livet i erobrerfyrsternes sale; i Odinsreligionen er vikingetidens idealer løftet op og gjort til verdens love. Bag dens religion og digtning står kongen som den store inspiration, og om kongerne flokkedes skjalde, der opfangede inspirationen og omsatte den til sange.

Men med al sin rastløshed var vikingetiden jo ikke en flimren af kampe og togter; selv om disse århundreder havde sin hær af æventyrere, og selv om denne æventyrånd, som lokkede Nordboer helt ind i Middelhavet, satte sit præg på livet, var der blandt erobrerne klare, målbevidste politikere, som drog ud for at grundlægge riger og bygge borge. I de kongedømmer som gennem århundreder stod i Nordengland — med York som hovedstad — og i Irland, kom Nordboerne i frugtbart samkvæm med den kristne verdens kultur og religion, og her var det faste grundlag på hvilket vikingetidens digtning og religion kunde udfolde sig til den dybde og skønhed, som giver Edda og sagaerne plads i verdenskulturen. Men Odins herredømme er ikke ensidigt grundet på at han ledede erobrerfyrsterne til sejr ud over verden; han har også sin faste borg i de opadstræbende kongers gårde i Norden, både i

Danmark og i Norge; det er ikke tilfældigt, at han dukker op på Bråvallahede og styrer vognen for Harald Hildetand, da han fylker hæren til folkeslaget. Det stolteste mindekvad som er digtet over nogen nordisk fyrste er Eriksmål, sunget til ære for Harald Hårfagres søn, Erik Blodøkse. Digteren lader kampens bulder give genlyd i Valhal; det brager, som om tusinders mængde trænges. Odin vækkes af drømme om at Valhals bænke strøs og ølkarrene beredes til modtagelse af faldne kæmper; glæden i hans hjærte varsler, at der er mægtige mænd i vente. For Erik er det der lyder brag, kongen vil drage ind i Odins sale. »Hvorfor venter du Erik fremfor andre fyrster,« lyder spørgsmålet. — »Fordi han har rødnet sin klinge i mangt et land og båret sværdet tungt af blod.« — »Hvorfor sveg du da ham for sejren, som tyktes dig en fuldgod konge?« — »Jo, ingen ved hvad der står for, ulven den grå skuler grådig til gudernes gårde.« Og ind træder Erik, kampfyrsten, omgivet af fem fyrster; et mægtigt følge fører han til Valhal fra våbnenes storm.

Gosforth-korset i Nordengland fra 10. århundrede. (Scene af gudekampen).

Vikingetiden føder en ny religion om Odin, kongernes gud; i denne religion sprænges de gamle grænser, og blikket vides ud til at omspænde en verden. I steden for de hjemlige guder, hvis magt kun nåede så langt som deres dyrkere virkede, træder en gudestat, samlet om Odin som fader og fører.

Helligstedet løftes op over jorden og bliver til en gudeborg, Asgård, med mange sale, de gamle myter og deres mangehånde indbyrdes uforligelige skikkelser støbes sammen til en digterisk helhed, en gudesaga. I midten står Valhal, hvor Odin troner som en høvding midt i sin hird, et himmelsk afbillede af kongshallen med dens religiøse drikkelag. Verden bliver kortlagt med Asgård som det ophøjede midtpunkt; Midgård, menneskenes bolig, breder sig vidt ud i midten af den nærende jord, og uden om den slynger sig jætternes golde verden, Udgård. Historien spændes ud til et verdenssyn, et drama, som stiler hen mod det store opgør mellem guder og jætter.

Dette syn præger vikingetidens digtning, sådan som vi kender den fra Edda og fra Snorres genfortælling. Det ligger under fortællingen om Balders død og giver den en stemning af skæbneuvejr. Det begav sig, at Balder den Gode blev ængstet af svare drømme, der varslede hans død. Da lod Frigg tage ed af alt på jord, fra malm og sten til dyr og orme, at de ikke vilde skade den hvide gud. Trygge og glade gav guderne sig hen i en ny leg, at skyde og hugge efter Balder, og de frydede sig ved at se alle våben springe af fra hans legeme. Men Loke skulede ondt over gudernes glæde; forklædt som kvinde gik han til Frigg og lokkede ud af hende, at der var én ting som kunde volde guden men; den lille kvist mistelten havde tyktes Frigg for ung til at sværge eder. Loke fandt misteltenen, og med den i hånden kom han til Hød, som stod dådløs yderst i kredsen, ti han var blind. »Hvorfor viser du ikke Balder ære som alle de andre, læg denne kvist på buen, og jeg skal rette den for dig derhen hvor Balder står.« Hød gjorde som Loke bød, og for hans skud sank Balder død til jorden. Da guderne så hvad der var sket, sank deres hænder kraftløse ned, og ingen af dem kunde få et ord frem; hver mand så til sin stalbroder, alle havde de ét sind mod den der havde øvet værket, men ingen kunde hævne på det hellige sted. Odin sørgede dybest; ti han forstod helt hvad Balders fald betød for guderne. Frigg bød sit dyreste venskab til den som vilde ride ned ad Helvejene og prøve på at løse Balder ud fra dødsriget. Hermod bød sig til at fare, og mens guderne gjorde Balders bålfærd på hans skib, red han på Odins hest Sleipner ned ad dybe, dunkle dale, til han efter ni nætters fart hørte Gjallerbroen dundre under hovene. »Broen durer mere under dig ene mand end under fem fylker døde mænd som red herover i går, og ikke har du dødnings løb i dit åsyn,« siger vogtersken ved Hels bro, men Hermod spørger blot om Balder er redet forbi, og sprænger videre nordad og nedad på Helvejen. Foran Helgrinden spænder han Sleipners gjord og sporer den i et sæt over porten, binder den foran hallen og går ind, — der ser han Balder sidde i højsædet. Hel lader sig ikke bevæge af gudernes sorg, »men,« siger hun, »er Balder så elsket, at alt i verden, levende og dødt, vil græde for den henfarne gud, da kan han drage atter til aserne.« Og dermed rider Hermod tilbage, den vej han kom. Atter sender guderne deres sendebud omkring i verden, og beder at alt og alle skal græde Balder op fra Hel. Sendebuddene er allerede på vej hjem med vel udrettet ærinde, da de træffer en jættekvinde i en hule; hun har kun tørtårer for Balders bålfærd, »lad Hel holde hvad hun har.« Og det er mænds tro, at gygen var ingen anden end Loke, som har voldet mest af alt det onde der har ramt guderne. Loke bøder nu i sin hule, hvor guderne har bundet ham til svare sten; edderormen hænger over hans ansigt; hans hustru Sigyn står hos med en skål og opfanger dens spy; men i de øjeblikke da hun vender sig for at slå giften ud, krummer han sig i smærte, så jorden skælver. Og der ligger han i lænker til Ragnarok.

Over Balderslegenden hviler en dyster, skæbnetung stemning, som udgår fra den scene hvor guderne lamslåede og målløse trænges omkring deres fælle's lig. Denne scene er inspireret af Nordboernes gru for blodsudgydelse inden for den hellige frændekreds; når frænde blev dræbt af frænde, gaves der ingen oprejsning; ti der findes ingen hvem hævnen kan falde på. Det var ætten som stødte sværdet i sig selv, og alle der følte ættens lykke i sig, måtte vånde sig i angst for følgerne af en sådan nidingsdåd, der forgiftede æren og lykken og sikkert førte slægtens opløsning med sig. Hvordan legenden har lydt før vikingetidens digtere genskabte den, og hvad dens udgang har været, kan vi intet sikkert vide om; utvivlsomt ligger der en gammel myte til grund, der måske i det ydre ikke har adskilt sig særdeles meget fra Snorres genfortælling. Alligevel er legenden forvandlet, idet digteren har samlet den om nidingsværkets motiv og har gennemisnet ordene med den gru som Nordboerne følte for ættens undergang; med små midler har han af gammelt materiale skabt en digtning der antyder, næsten som i et symbol, at historien bærer på en indre tragik og drevet af skyldens tyngde skrider hen mod et opgør.

Gosforth-korset i Nordengland fra 10. århundrede. (Scene af gudekampen).

Sit højeste og fuldkomneste, men også mest personligt prægede udtryk har spekulationerne fået i Vøluspå, dette grandiose udskue over hele verdenshistoriens forløb fra den stund der intet var, til det store sammenstød mellem gode guder og onde jætter, som gennem jætternes nederlag og gudernes død fører til genopstandelse af verden i strålende skikkelse. Digtet er lagt i munden på en spåkvinde, vølve, hvis erfaring rækker fra den første urtid, og hvis fremtidsblik når til altings ende. Det første hun mindes, er jætten Ymir, som avlede hende, da der endnu ikke var sand eller sø eller svale bølger, hverken jord eller himmel, kun det tomme svælg. Guderne kom, og op af Ginnungagap dukkede Midgård, badet i sydsolens stråler. Ask og Embla ryster kraftløsheden af sig under gudernes inspiration, og åndedrættet får deres kinder til at gløde. Historiens liv holder sit indtog i verden med de tre møer fra Jættehjem, der bereder mennesker en skæbne. Gudernes brøde kaster den første skygge hen over verden, da Odin slynger sit spyd og åbner den første verdenskrig og siden guderne bryder deres ord og for ikke at se verden falde i jætternes hænder vælger at værge sig med uret. Balder segner for sin broder Høds hånd. Den gamle troldkvinde i jærnskoven føder Fenrirs yngel, solens opsluger. Skyggerne falder stedse tættere efter hverandre og stedse tykkere, til alt glider ind i de sidste tiders gråvejr, og mennesker, forvirrede af oprøret i naturen og i deres eget sind, sætter alle grundlove over styr, så at der kommer strid og blod mellem brødre. Skyggerne kalder ondskabens mørke frem på skuepladsen. Ulven løber frem, Midgårdsormen vælter sig piskende frem gennem havet. Og mens verdensasken bæver, styrer Hels skarer fra nord til møde med Surt fra syd. Til kampen rejser sig på den anden side repræsentanterne for det idealbårne liv. Odin møder Ulven, Tor går mod Midgårdsormens opspilede gab og nyder sin sejr så langt som ni skridt. Alle er faldne, da verdensluerne slår op og slikker himlen. Men når kampen og luebraget er endt, stråler solen frem på ny. I drømmeagtig ro breder landskabet sig ud; ned fra fjældene glider vandene, ørnen kredser svævende. Og de mildeste af guderne, først og fremmest Balder, genrejser Odins sejrsale. Guldtavlspillet fra urtiden findes i græsset. Fra oven kommer den mægtige til den store dom, han som råder for alt, mens ligdragen yderst ude synker i dyb og forsvinder.

Bag Vøluspå mærker man ligesom i Baldersdigtningen en mand som med angst har set på den omvæltning både i det ydre og det indre som erobrertiden førte med sig, idet den rykkede mennesker op af det gamle samfund og kastede dem imellem hinanden; når slægtsbåndene brister, følger der opløsning af alle nedarvede dyder. Det er ikke usandsynligt, at disse digtninge har et aktuelt sigte og hentyder til historiske begivenheder inden for en eller anden fyrstefamilie; men personlige oplevelser har kun betydning som stød, der sætter fantasien i rørelse. Literaturen vidner om en udbredt tilbøjelighed i vikingetiden til grublen over livet, en grublen der er så dyb, at den finder udslag i en form som næsten kan kaldes tendensdigtning. Denne reflekterede syslen med livet som et problem er det som adskiller vikingetidens digtning fra den umiddelbare folkereligion, og i den ligger der muligheder for impulser fra kristendommens tanker om historien som et drama, der munder ud i en dom; men om nogen efterligning kan der ikke blive tale; stemningerne kommer så dybt fra Nordboernes egne oplevelser, at de skaber sig et originalt udtryk.

Valhals- og Ragnaroksdigtningen er skabt ved mødet mellem Norden og kristendommen. Det er ikke vanskeligt at påpege steder hvor de fremmede tanker spiller ind, men digtet og den religion som ligger bagved, kan ikke pilles op i kristne og hjemlige bestanddele. Stoffet er helt igennem nordisk, og de idealer som inspirerer stoffet og støber det sammen til en helhed, har alle deres rødder i den gamle sæd, det er kampen og æren som udgør grundværdierne i tilværelsen, ja de er løftet op til at blive universets grundprincipper: gennem sit liv og sin død griber krigeren ind i verdensløbet. Det er slægtsfølelsen som lægger den tragiske spænding i dramaet, og det er den gamle modsætning mellem mennesker og guder på den ene side og dæmonerne på den anden som samler dramaet i dets spids: det store verdensopgør. Man mærker i Ragnarokskildringerne ikke alene minderne fra byer som er gået op i luer, og kamppladser hvor vikingeskarer kæmpede deres sidste heltemodige kamp til døden, men også smærten over den opløsning af frændefølelsen som ærgerrighed og jagen efter magt fremkaldte i mange sind. Vøluspå så vel som Baldersdigtningen er mærket af det der var Nordboens dybeste lidelse: strid og drab mellem dem som er forenede i hellighed; kun den der har loddet Nordboens følelser på dette punkt, vil fornemme tyngden i Vøluspås vers: »broder kæmper med broder, til begge segner, søskendebørn bliver bitre fjender; spærtid, spydtid, uvejrstid, ulvetid;« og kun han vil fatte den ubønhørlige etiske konsekvens i digtets verdenssyn. I vikinge-religionen har gamle tanker og nye oplevelser indgået forening, og den har fået form ved sammenstødet med kristendommens dommedagsmyter; men det fremmede har virket som en impuls, der gennemglødede det givne stof og lod det krystallisere sig om levende erfaringer og stemninger. I selve inspirationen er der givet en tiltrækning af elementer fra kristendommen, men de smæltede organisk sammen med det nordiske til en helhed, som gav alting sin

egen tone. Det er derfor håbløst at forklare vikingetiden enten som en om-
formning af nordisk religion eller som en tillæmpning af kristne syner; den
har sit liv inden i sig selv og udgør en sjæl, som ingen optrævling kan forklare.

I en skikkelse som Loke sporer vi sikkert indflydelse fra den kristne Satan,
men dette betyder ingenlunde, at spasmageren og ulykkesfuglen er skabt i
vikingetiden, — vi møder hans spillende ansigt i gamle myter. Loke går mel-
lem guder og jætter, knyttet til Jættehjem ved uhyggelige frændskaber,
blandt andet som fader til Hel og Fenrisulven, men også hjemmevant i As-
gård som fostbroder til Odin, med hvem han en gang i urdagene har blandet
blod. Det er ham som lokker guderne på farlige æventyr og gang på gang
sætter deres herredom i fare, men det er også ham som må finde en udvej,
når nøden er størst. Dengang Asgård blev bygget, kom der en bygmester til
guderne og bød sig til at gøre en mur, som ingen turs kunde bryde; til løn
forlangte han Freyja med sol og måne, og guderne gik ind på købet, på betin-
gelse af at han enehændigt udførte værket og havde det færdigt inden første
sommerdag. Efter Lokes råd gav de ham dog tilladelse til at benytte sin hest
Svadilfare til trækøg, og på vinterens første dag tog han fat på arbejdet; om
natten slæbte han sten sammen, og om dagen byggede han, og aserne fik
lange ansigter, da de så hvad hesten kunde slæbe af hele bjærg i én bør. Vær-
ket skred, og da der kun var tre dage igen til sommer, var jætten kommet så
nær rundt, at der ikke manglede meget andet end porten. Guderne holdt råd,
og alle var de enige om at Loke bar skylden, om nu Freyja og alverdens lys
skulde fjæles i Jættehjem; og Loke blev trængt med trusler, til han lovede at
finde en udvej. Samme aften, just da jætten skulde age efter sten, sprang en
hoppe frem af skoven og vrinskede, og i det samme sled Svadilfare sig løs og
for til skovs; jætten sprang efter og løb den ganske nat uden at få tag i sin
hingst, og om morgenen, da han stod der sysleløs og så på det ufærdige værk,
tog vreden magten i ham, og jætten kom frem for dagen, så at guderne ikke
kunde være i tvivl om hvem de havde for sig. De kaldte på Tor, og i næste
øjeblik stod han der med hammeren i luften. Jætten så aldrig mere sol og
måne, ti Mjølner hamrede med ét hug hans hjærne i bitte stykker. Men Lokes

æventyr kostede ham hans førlighed for en stund, han nedkom med et otte-fodet føl, der blev den bedste ganger hos guder og mennesker. En anden myte fortæller, hvorledes Loke lokkede jætten Tjaze i fordærvelse. Det var gået sådan, at Loke letsindigt havde ladet sig fange af jætten, og for at slippe ud af sin knibe måtte han love at bringe Ydun ud af Asgård. Loke holdt sit ord, han lokkede asernes mø ud i skoven, og i det samme slog Tjase ned i ørneham og fløj med hende til sin gård. Nu var det Ydun som havde gudernes udødelighedsspise i sit gemme, og da hun var borte, begyndte guderne at blive gamle og grå. De holdt råd og kom i hu at ingen havde set pigen, siden hun fulgtes med Loke ud af Asgård; der var nu intet andet for, end at Loke måtte påtage sig at bringe hende hjem igen, hvis han vilde beholde liv og lemmer. I falkeham fløj han til Tjazes gårde og fandt Ydun ene, ti jætten var på fiskefangst; fluks forvandlede han møen til en nød og for hjemad gennem luften med hende i kloen. Tjaze fandt huset tomt og satte på ørnevinger efter falken, og slag for slag vandt han ind på røveren. Da nu guderne så de to fugle komme sejlende, samlede de en hob spåner i gården; falken slog ned lige un-der muren, men ørnen susede over ham uden at kunne stanse, og i det samme slog luerne op og sved hans vinger. Da var guderne over ham og dræbte ham inden for porten.

Denne gamle Lokefigur fra den folkelige tro er i vikingetiden forvandlet til en person i verdensdramaet, i hvilken skæbnens tråde løber sammen. Drilsk og spottende, tvetunget og rig på råd går han mellem guder og jætter; atter og atter fører han guderne til ulykkens rand, atter og atter forstår han at finde udvej af klemmen for at redde sit hoved, — og således bereder han sikkert den stund da de onde magter slipper løs og han selv drager op i led-tog med Ulven som gudernes åbenlyse fjende. Denne Loke kan ikke opløses i elementer, han kan kun forstås ud fra det verdensskuespil i hvilket han er en hovedfigur. I vikingetiden er alle guderne blevet menneskeliggjort, ja for-vandlet til karakterstudier, men ingen af dem er i den grad blevet et billede af menneskesjælens naturlige gådefuldhed som denne skurk, forvirrende sammensat midt i sin retlinede ondskabsfuldhed, denne forslagne skælm, for hvem endogså hans egne dumheder vender sig til fordel. Forklaringen på dette træskhedens spil ligger inden i de mennesker som lod sig inspirere af kristne fortællinger om Lucifer til at skabe Loke ud af en gammel kultfigur, uden vel at være sig bevidst hvad de gjorde.

Religionsskiftet

Vikingetidens religion, der satte sig så stolte mindesmærker i digtningen, var og forblev overklasseeje, ja i sin helhed var den begrænset til enkelte kredse. Den rakte ikke ned til bonden, som gik hjemme i bygden og dyrkede sine guder på fædrenes vis, og den forsvinder sammen med sine ridderlige bærere uden at afsætte noget spor i Nordens religiøse liv. Middelalderen knytter umiddelbart til den gamle folketro og folkeskik. Da kristendommen kom til Norden, stod opgøret ikke med Odin og ejnherjerne, men med de gamle guder og diser. Der kommer en historie fra Island, som kraftigt lyser op over de kampe som foregik i sindene, da valget stod mellem den gamle sæd og Krist. En mægtig mand, Hall, som boede på Hof på det østlige Island, havde engang til et høstgilde blandt mange andre også den vise og fremsynte Torhall til gæst. I dagene før gildet gik Torhall tavs omkring, og til sidst kom det ud hvad der trykkede ham. »Der står mig noget for ved dette gilde,« sagde han, »hvad det er, lønner det sig ikke at sige nu, og det kan ikke nytte at jeg prøver på at sige det, ti der er noget som vil frem, og vi kan hverken gøre fra eller til.« På selve gæstebudsaftenen rådede han alle mænd til at blive inden døre, hvad der end skete. Sent på kvælden bankede det på døren, en gang og to gange, men da det slog tredie gang sprang Halls søn Tidrande op og gik ud, ti, sagde han, måske er det gæster som ikke er nået frem for vejret, og det er en skam at de skal finde huset bommet. Der var ingen at se foran døren, og Tidrande gik ud i gården for at spejde ud hvor vejen gik op til gården. Da dundrede der ridt nordfra,

og ni sortklædte kvinder red op med dragne sværd; også fra syd lød heste-
tramp; der kom ni hvide kvinder og stævnede op mod gården. Da mændene
kom ud, fandt de Tidrande liggende med banesår, og Torhall forstod nu hvad
hans anelser betød: det var slægtens diser som havde taget Halls kæreste søn,
før de måtte vige for de nye diser fra syd.

Jellingestenen, rejst over Gorm af den Harald, som »gjorde Danerne kristne.«

Religionsskiftet betød en styrkeprøve mellem de gamle guder og Krist, ikke
en forandring i livssyn og idealer. Nordboens oplevelse af at livet var lykke
og ære, omskiftedes ikke, grundvolden for det sociale samliv vedblev at være
slægtsfølelsen med dens krav om oprejsning gennem hævn for krænkelser;
og hos de nye guder søgte han den styrke til at hævde sig selv i kampen og i
bedriften, som han før havde fundet i blotsalen. Den dybe åndelige sammen-
hæng mellem de to perioder ligger tilstrækkelig antydet i den kendsgerning,
at blotformelen »til år og fred« — det vil sige frugtbarhed og frændesind —
bevarer sin plads ved de kristne fester som udtryk for gudsdyrkelsens mål

og velsignelse. Slægten holdt sammen i livet om deres fælles ære, og de byggede sammen i døden; på den viede kirkegård lå frænderne i flok ved siden af hinanden, og deres tanker om livet hinsides har vel ikke til en begyndelse undergået store forandringer. Når høvdingen byggede en kirke på sin gård, var den en fortsættelse af det gamle hov, og fordums tanker var knyttet til bygningen og de begivenheder som fandt sted derinde. I blothallen havde frænderne fundet en tryghed som bar den enkelte, fordi han var et led i en helhed, og der er da intet grotesk eller naivt i kirkebyggerens tro på, at han vilde tage så mange med sig ind i himlen som der var plads til i hans kirke; ti i Norden kunde frelsen kun gælde slægten og gennem den hver enkelt, og i blotet havde jo helligheden omsvøbt kredsen og genfødt den i en fælles kraft. Også de religiøse former fulgte med over i kristendommen; der var i dem en magt som underlagde sig de nye tanker. Drikkelaget blev simpelt hen kristnet ved at overføres på Krist og Jomfru Maria og helgenerne, og det lagde sig uden om messen som en naturlig og nødvendig tilføjelse. Ved det norske hof samledes hirdmændene i kongshallen for at drikke Krists og Marias minne, efter at de havde hørt biskoppen læse messe; borgernes forsamlinger blev indledet med kirkegang og fortsattes efter hellig skik i gildehuset med udbringeisen af Guds og skytspatronernes minnebægre. Så inderlig var sammensmæltningen, at drikkelaget ikke alene var en tålt form for gudsfrygt, men ligefrem indgik i religionen som en pligt. Norskeloven sætter landsforvisning som straf for den der forsømmer at holde høst- og julegilde til ære for Krist og vor Frue og signe sit øl Krist og vor Frue til tak, mennesker til år og fred; og loven sørger for at gildet bliver fejret med tilstrækkelig kraft til at skabe år og fred. Der måtte ikke være mindre end tre familier sammen til høstgildet, og der skulde brygges så meget som af en skæppe malt til hver husbonde og hver hustru; på udgårdene, hvor man ikke kunde række frem til naboer den hellige aften, måtte bonden skaffe erstatning ved at brygge for tre. Til præstens embedspligter hørte da også at møde for at velsigne minne.

Heller ikke mistede kongen sin åndelige og religiøse betydning ved religionsskiftet. I Norge står de to Olaver som kristne idealskikkelser, netop fordi de personificerede den fuldendte høvding. Utallige er de beretninger som bevidner at kongsmændene fik hjælp og beskyttelse i deres nød, fordi de havde kongens lykke med på færden; det kunde hænde, at pludselig et stråleskær omgav dem og gav dem ny kraft, eller at en usynlig hånd slog våbnet fra fjenden. I disse legender er det umuligt at sige hvad der er gammelt og hvad der er nyt, i den grad fortoner kongen sig over i helgenen, og når man talte om Olavs lykke eller hamingja, eller om at mægtige fylgjer gik foran ham, ligger der ikke i ordene den mindste fornægtelse af kristen sandhed. Kongslykken gror i Olav Hellige naturligt op til guddommelig helgenkraft.

Derfor gik overgangen let for sig, uden oprivende brydninger. Det spørgsmål som hedningen stillede til ordets forkyndere, lyder: kan Krist være det samme for os som vore gamle magter, eller rettere: kan han være det endnu bedre end de guder vi har fulgt forhen? Modstanden kunde og måtte være stærk, så længe der rådede nogen tvivl på det punkt; men hvor folket følte vished for at intet gik tabt ved byttet, fulgte overgangen næsten af sig selv. Derfor er en konge som Olav så mægtig en missionær, ti på den storladne høvdingeskikkelse kunde man se, at der var lykke i Krist; han havde alle de egenskaber som tilkom en ætling af kongeslægten: et kraftigt og smidigt legeme, fuldendt i alle idrætter, den stærke sjæl, gavmildhed, ærgerrighed, sejrsæle og fasthed til at hævne. De der så ham færdes i folket, måtte sige: jeg så straks, at han var noget andet end de fleste, og slutte med: jeg ved, at vi ikke kan gøre noget bedre end at tro den gud han forkynder er sand gud.

På Island blev kristendommen indført ved en altingsbeslutning år 1000; det bestemtes, at alle skulde lade sig døbe og ingen måtte blote offentlig, men der skulde ingen straf være for at følge de gamle vaner i løndom. Meget anderledes gik det ikke til på tinge i Norge og Sverrig, når folket på kongens eller lagmandens tilskyndelse tog ved Krist, og vel næppe heller i Danmark, da kongen gjorde alle Daner kristne. De fremmede missionærer, der gerne vil gøre omvendelsesværket så heroisk som muligt og frem for alt vil presse det mest mulige af det dyrebare martyrium ud til deres helte, kan dog ikke undgå at give billeder fra livet, som dette fra Ansgars levned: på tingmødet i Byrka, i Sverrig, »blev hele folkemængden enig og vedtog, at præsterne måtte være hos dem, og at hvad der hørte til Kristi sakramenter måtte ske hos dem uden modsigelse.«

Deraf følger imidlertid ingenlunde, at omvendelsen var overfladisk, tværtimod, sindsforvandlingen var fuldstændig, ti folket flyttede hele sit liv over på Krist. Kun den historisk vankundige kan smile ad masseomvendelsen. Den sande hjærteforandring måtte nødvendigvis gå gennem helheden, ti den enkeltes liv var indesluttet i slægten, og han kunde som individ ikke have nogen dybtgående oplevelse. Ej heller må man mene, at overgangen blot betød en forklædning af den gamle sæd. Det der skete var, at der i Norden skabtes en ny folkereligion, som havde sit eget indre liv og fødte sine egne udtryk i legende og digtning og gudsfrygt. Religionsskiftet betød ikke, at det gamle rykkedes op med rode og marken ryddedes til en ny udsæd; men ved befrugtning udefra voksede naturligt en nordisk kristendom op, og denne vækst fortsattes i de følgende århundreder. Gennem forvandlingen groede Norden ind i europæisk kulturliv og fik åndeligt og religiøst samfund med en hel verdensdel, og gennem kristendommen blev Nordboerne arvinger til den klassiske kultur. Middelalderen bragte en overmægtig indflydelse udefra, både indirekte gennem Sydens og Vestens literatur og sociale udvikling og direkte gennem en kosmopolitisk gejstlighed, som var fremmed af sind og ofte også af byrd; ikke des mindre bevarede Nordens åndsliv gennem århundreder sin egen karakter, som følge af at religionen voksede op af folkegrunden.

Literatur

Ved studiet af fremmede religioner gælder det først og fremmest om at få føling med folket selv ved at lytte til dets egne ord. I Norden er læseren så lykkeligt stillet, at kilderne for en stor del er let tilgængelige gennem oversættelser, så at han selv kan leve sig ind i de gamles åndelige liv. I den såkaldte ældre Edda er der bevaret os en lille samling af gude- og heltedigte, som delvis bærer mærker af at tilhøre vikingetiden, men også rummer gammelt stof. Den er oversat på dansk af K. Gjellerup og Olaf Hansen (Den ældre Edda. 1911.), på norsk af G. A. Gjessing 1899, på svensk af E. Brate 1913 og af A. Åkerblom 1920-21.

Af den rige skat af sagn og legender som gik i de nordiske ætter, er stolte rester bevaret i prosasagaer som Hervørs, Halfs, Hrolf Krakes saga, Regnar Lodbroks saga med dens store indledning: Vølsungesaga; interessante traditioner fra slægter i det nordligste Norge er overleveret, om end med middelalderlig oppyntning, i sagaerne om Ketil Hæing og Grim Låddenkind. Oversættelser findes i C. C. Rafns Nordiske Fortidssagaer I-III og Winkel Horns Nordiske Heltesagaer. 1876.

Digtningen fortsættes i Kongesagaerne og de islandske slægtssagaer, Eyrbyggernes, Vatsdølernes, Laxdølernes, Glums, Egils, Halfred Vanrådeskjalds, Njals saga, for at nævne nogle af de betydeligste. Snorres kongesagaer (Heimskringla) er oversat på dansk af Grundtvig og på norsk af Gustav Storm. Knytlingasaga, som handler om Danmarks historie, er oversat i Rafns Oldnordiske Sagaer XI. Slægtssagaerne findes på dansk i N. M. Petersens Historiske Fortællinger om Islændernes Færd. 3die udgave 1901; på svensk har A. U. Bååth givet forskellige oversættelser af enkelte sagaer.

En stor del af vort kendskab til de gamle myter skylder vi Snorres genfortælling i hans Edda, også kaldet den yngre Edda, oversat af Finnur Jonsson 1902. Saxo har i sin Historia samlet et broget udvalg ikke blot af danske, men også af norske sagn og gengivet dem på et sirligt latin med rigelig tilføjelse af egne middelalderlige reflektioner (oversættelser på dansk af Winkel Horn 1898 og af J. Olrik: Sakses Danesaga 1908-12).

Lærerige til forståelsen af indretningen og stemningen ved det gamle religiøse drikkelag er de middelalderlige gildelove; de danske er dels på latin, dels på modersmålet (udgivet af C. Nyrop: Danmarks Gilde- og Lavsskraaer 1899-1904); de svenske, som indeholder meget alderdommelige træk, findes i G. E. Klemmings Småstyckan på Fornsvenska. 1868-81.

Udvalgte tekster til belysning af det religiøse liv i Norden er samlet og oversat i S. Fenger: Religionshistoriske Tekster. 1919 og i N. Söderblom: Främmande Religionsurkunder. 1907. III. Lærerigt er det at sammenligne den nordiske digtning med det oldengelske heltedigt Beowulf, som er oversat på dansk af Adolf Hansen: Bjovulf. 1910, på svensk af E. Björkman i Schücks Världslitteraturen.

Af sammenfattende fremstillinger gives der ikke nogen tidssvarende på nordiske sprog; læseren må gå til tysk (for exempel E. Mogk: Germanische Mythologie i Pauls Grundriss der germanischen Philologie) eller til Chantepie de la Saussaye: The Religion of the Teutons. 1902. I Norden findes derimod en lang række værker som behandler enkelte sider af det gamle åndsliv og den gamle religion: H. Petersen: Om Nordboernes Gudsdyrkelse. 1877. H. F. Feilberg: Jul. 1904; Bjærgtagen. 1910; Sjæletro. 1914; Skabelsessagn og Flodsagn. 1915; Nissens Historie. 1919. H. Schück: Studier i Nordisk Litteratur- og Religionshistoria. 1904. Axel Olrik: Danmarks Heltedigtning. 1903-10; Nordisk Åndsliv. 1907; Om Ragnarok. 1902-14; afhandlinger i tidsskriftet Danske Studier. O. Schoning: Dødsriger i nordisk Hedentro. 1903. Vilh. Grønbech: Vor Folkeæt i Oldtiden 1909-12. M. Olsen: Hedenske Kultminder (Videnskapsselsk. Skrifter. Kristiania 1914). G. Schütte: Hjemligt Hedenskab. 1919. S. Bugge: Studier over de nordiske Gude- og Heltesagns Oprindelse (1881-89) forfægtede ensidigt og overdrevent teorien om den nordiske mytologis afhængighed af kristne og middelalderlige kilder, men bogen satte tankerne og forskningen i bevægelse; den er senere blevet efterfulgt af: Helgedigtene i den ældre Edda. 1896,

Om kristendommens indførelse handler A. D. Jørgensen: Den nordiske Kirkes Grundlæggelse og første Udvikling. 1874-78 og Vilh. Grønbech: Religionsskiftet i Norden. 1913.

II.
Religionsskiftet
i Norden

De nye guders komme

På gården Hof ved Alptafjorden i det østlige Island boede en mand ved navn Hall, også kaldet Siduhall. Han var af stor æt, ti han nedstammede i lige linje fra Røgnvald Jarl på Møre. Det var en høst at han skulde have gilde efter sin sædvane, og han ventede mange gæster. På gården opholdt sig den sommer en god ven af husbonden, som hed Torhall; han var en klog mand og meget fremsynt. Da tiden led hen imod gildet, lagde Hall mærke til at vennen blev tavs og indesluttet, som om noget tyngede ham. En dag spurgte han Torhall hvad alle de rynker i panden havde at betyde. »Jo,« sagde Torhall, »der står mig noget for ved dette gilde; hvad det er, lønner det sig ikke at prøve på at sige nu, og det gør ingen forskel om jeg forsøger på det eller ikke, ti der er noget som vil frem, og vi kan hverken gøre fra eller til.« Da gæstebudsdagen kom og folk gik til bords, sagde Torhall: »Vil I følge et godt råd? I nat skal I alle blive inden døre, hvad der end sker. Hvis I overholder det, undgår vi megen ulykke.« Husbonden lagde sin formaning til; de vidste jo nok at Torhall aldrig for med løs snak, når det gjaldt fremtiden. Aldrig så snart var folk kommet til ro, førend det bankede på døren. Ingen lod sig mærke med noget. Det bankede anden og tredie gang — da blev det for meget for Tidrande Hallsøn. »Det er en skam at fjæle sig i sengeklæderne, når folk står og banker; hvem ved, om det ikke er gæster som kommer,« sagde han. Vejret havde været hårdt, og mange venner var ikke nået frem til budningsdagen. Så gik han til døren og så ud, men der var ingen. Han gik helt ud i gården og om forbi brændestablen for at få udsigt ned over ridevejen. Da hørte han ridt nordfra. Der kom ni kvinder, alle i sorte klæder, med dragne sværd. Atter lød der hestetramp, fra syd — der så han en anden skare, ni lysklædte kvinder på hvide heste. Han vendte sig for at gå ind og sige hvad han havde set, men da var allerede de mørke kvinder kommet imellem ham og huset, og han slap ikke frem til døren. Kort efter, da folk kom ud, så de Tidrande ligge i måneskinnet med sit sværd i hånden, dødelig såret. Han blev båret ind og fik netop fortalt hvad der var sket med ham, førend han udåndede. Forklaringen kunde Torhall nu lægge til: Det var slægtens diser som havde hjemsøgt gården. De vidste hvad der forestod, at der ret snart vilde komme en ny sæd til landet, og med den vilde der blive brat ende på deres magt. Tomhændede vilde de ikke fly, og nu havde de taget Tidrande, Halls ældste og folkekæreste søn, som deres del. Skade, at de bedre diser, som vilde have hjulpet ham, ikke kom til, førend det var for sent.

Det er ikke noget enestående, at en revolution der ophøjer og fornedrer guder, sætter sig varigt minde i et stort symbol. Konstantins kors, Chlodevechs sejr i Kristi navn er minder om at der er foregået et opgør i sjælene, og at dette opgør har kostet strid; mennesket går nødig til at sætte de fædrene guder på porten, men når disse ikke længer er de stærke hjælpere som de har været, vil troskab komme til at koste livet, og livet er nu en gang mere værd end guder. Et sådant symbol er også historien om Tidrande hvem diserne dræbte, og blandt alle monumenter over trosskifter hævder dette sig som det skønneste. Her er kamp, og den føres ærligt igennem; her er sejr, og der følger ingen smædende hoveren efter. Fortællingen falder så objektivt, som om den skrev sig fra folk der stod uden for opgøret og så lidenskabsløst til. Men objektiviteten er kun tilsyneladende. I virkeligheden foregår kampen inden i tilskuerne; i diserne som ude på tunet afgør en slægts eller et helt folks skæbne, kæmper mennesketanker og menneskefølelser både på den ene og den anden side. Alligevel har fortællingen stridens mandige præg. Den står højt over senere tiders elegier over tabet af en kær barnetro: der fældes ingen sentimentale tårer over det uafvendelige, der stænkes ikke nogen vemodig rørelse på de faldne guder. Gennem ordene suser Nordboernes sunde, skarpe vind: kamp er livets prøve, en gudsdom, sejr er livets afgørelse — døden har ingen vemodig skønhed.

Fortællingens storhed fødes netop i dens inderlighed, men inderligheden beror på realisme. Fortællingen er ikke, som vi ud fra vore æstetiske vaner let vil tro, et symbol. For os er den indre og den ydre verden så fremmede for hinanden, at de kun er løst forbundne, og vi kan kun bruge en historie eller en dramatisk handling som allegorisk iklædning for det dunkle og uudsigelige der foregår på tankernes og følelsernes skueplads. Men fortællingen om Tidrande giver det som skete, netop således som det skete, og derfor er den fyldt med virkelighedens strænge, nøgterne poesi. Hvis det kan lykkes os at trænge igennem vor æstetiske følsomhed, vil vi opdage at disernes kamp og Tidrandes død var en begivenhed, og fordi det var en begivenhed, satte den sindene i bevægelse. For at det skal lykkes, er det ikke nok at se, kunsten er at vide hvad man skal se og hvordan det skal ses – men kunsten er i dette tilfælde ikke så vanskelig.

Først gælder det om at se hvad der foregår på tunet udenfor Halls gård. Der er ingen Kristus på den hvide hest, der er ingen engle, ingen figurer skabt af dommedagsfantasier det er ikke poetiske, symbolske skikkelser som kæmper, men diser, det vil sige virkelige guder, sådanne som havde »fulgt« slægten fra gammel tid, våget over gården, stået ved mændenes side med råd og dåd, været med midt i fællernes kreds, når de havde fest og ofrede, var gået fra fader til søn, når ætten fik et nyt overhoved. Tidrande var ikke den første Islænder som så dem; mange gange havde de åbenbaret sig under arbejdet, på vejen og på kamppladsen varslende, advarende, hjælpende. Da Vigfus, en mægtig bonde i Norge, døde, så hans dattersøn natten efter i drømme en stor kvinde komme gående op ad dalen til hans gård; han gik ud for at byde hende ind, og hun blev hos ham. — Fra den anden side kommer diser som endnu ingen kender. De to skarer mødes på tunet, haster af sted, den ene på vej til fredløshed og udslettelse, den anden for at fæste bo i landet. De nye, lyse diser var i færd med at rydde sig plads, og det var deres umiskendelige hensigt at slå sig ned for bestandig om arnen og på det hellige sted, hvor man før havde hørt de gamle diser tale. Der var mørkt over de flygtende og lyst over de kommende. Guderne skiftede.

Inde bag de faste glugger og døre lå imens menneskene og tvang sig til ro. De stærke var over dem, og det var bedst ikke at blande sig i de mægtiges leg. Hvad der en gang var sket i åndens verden, det vilde ufejlbarligt komme frem, som Nordboerne sagde. For dem skete de vigtige begivenheder egentligst bag ved det som vi kalder den virkelige verden, og de ydre hændelser fødtes ved at mennesker virkeliggjorde skæbnen. Når, for at tage et historisk exempel, guderne ved drikkelaget havde viet Kong Svend til et stort Englandstog, så vilde skibene komme til at pløje Vesterhavet, og en konge vilde falde. Store drømmere og vismænd kunde se ind til det skete og spå om at dette og hint snart vilde træde ud i dagen og åbenbare sig. Hvad de oplevede på Halls gård var fremtiden — der vilde, som Thorhall sagde, komme en ny sæd i landet, og den vilde de alle sammen antage. Hvem kunde tænke på at stride mod noget som var afgjort? Man kunde ikke kæmpe for guder der selv havde opgivet kampen, ti for at kæmpe måtte man jo have guder med sig. Og den tanke at man skulde kunne passe sin bedrift og lade de nye guder skøtte sig selv, den tanke kan kun opkomme i hjærnerne på os, som har lært at leve uden Gud i verden. Den gang kunde jorden ikke ligge herreløs hen; bag alt hvad der levede og rørte sig, stod der guddommelige magter, og for at kunne virke måtte man nødvendigvis kende dem og være venner med dem. Man vidste at lod man sine guder i stikken, drog andre ind i deres sted, og når nu i dette tilfælde opgøret kom, så vilde man allerede finde de nye magter i disernes plads.

Intet under at der i de dage herskede dyb alvor på gården. Menneskene var fyldt ikke egentlig med frygt for dette som gik over huset, heller ikke med en spøgelseangst som for noget uforklarligt, men snarere med noget som var værre end angst, nemlig en dyb uhygge ved dette som skete med de fortrolige diser, sådan som man føler ved at se et levende væsen miste forstanden og blive ond. Nordboerne kaldte livet for lykke, fordi det bestod i noget andet end at trække vejret; liv, det var kraft, dygtighed, mod og retskafne tanker, ævnen til at finde og gøre det rette og hæderlige, til at være tro mod sig selv og andre, altså at være menneske; og når lykken forlod en mand, da gav livets brist sig til kende i at hans tanker blev forvirrede og famlende, hans hænder mistede deres sikkerhed, og hans æresbegreber opløstes. Han døde indefra og blev et skadedyr, en niding, som man sagde. Allerede i levende live gik han over i dæmonernes klasse — derfor jog man ham ud i ødemarken som en fredløs ulv — og efter døden vilde han findes blandt de skadelystne spøgelser. Det som man nu oplevede, var netop at diserne, som man havde arbejdet med og kæmpet sammen med, mistede deres sande væsen og blev onde, som man så af at de tog en af deres frænders liv; de var på flugt til jætternes og utyskernes verden.

Og til uhyggen slog sig utryghed overfor fremtiden. Hvad vidste man om de nye guddomme: kunde de gøre hvad de gamle havde formået, vilde de give erstatning for alle de goder som de havde berøvet menneskene ved at jage deres nådige magter ud i mørket?

Men den alvor som lå over Hall og hans slægt, var ikke opgivende eller fortvivlende; de beredte sig på den fremtid som skulde komme, og til at handle efter dens krav. Vi siger at Nordboen altid bøjede sig for det uafvendelige; han tog skæbnen, når den var bestemt, og kristendommen var hans skæbne. Men vi tager meget fejl, når vi fortolker denne karakterejendommelighed som fatalisme eller underkastelse. I alt hvad der skete, så han åbenbarelsen af en begivenhed der allerede var fuldkommet inde i livets kærne, og når han som oftest kendte sin bane allerede inden han var nået til skillevejen, så var det fordi han var i stand til at skaffe sig indsigt til det skæbneværksted hvor striden blev afgjort, før den udkæmpedes på jorden. Varslet, drømmen, åbenbarelsen var glugger ind til forudbestemmelsen. Det som Hall her oplevede, var ikke andet end hvad han havde oplevet mange gange før på kritiske tidspunkter. Skæbnen var ham da ikke en blind magt, som han bøjede sig under. Han tog den ind i sig selv og fattede den som sin vilje, og den blev energi i ham. Hall så »omvendelsen« som noget han en gang skulde komme til at ville, ikke som noget han vilde komme til at skulle.

Guderne skifter
– de gamle former varer ved

De store og mærkelige begivenheder som forandrede Norden omkring den tid da diserne besøgte Halls gård, var en følge af at folkene land for land skiftede guder. Der skete ikke nogen revolution i den forstand at menneskene pludselig opgav alle deres gamle vaner og antog et helt nyt sæt af ceremonier. Folket fik nye guder og viede dem til hjælpere i de gamle, trygge skikke, som havde sikret livet velsignelse under den gamle sæd.

Under de gamle guder havde festen med sit offermåltid og drikkelag været livets midtpunkt; der mødtes mennesker og guder i deres hellige samlag, og der blev sørget for at livet skulde blomstre både legemligt og åndeligt, med velsignelse på mark og i stald, med lykke i ægtesengen og med gode, stærke og retfærdige tanker i sindene. Man dyrkede guderne ved at vie dem ølbollen; da lagde de høje magter deres kraft, eller rettere deres væsen og liv, i drikken, så at den guddommelige velsignelse i hornet kunde bæres fra mund til mund og skabe både håb, mod og lykke i fællerne. Ingen der så ølbollen stå fremme på hæderspladsen, kunde være i tvivl om at der var gudsfest i huset; han vidste, at skulde han deltage i nydelsen, vilde der blive krævet af ham at han gav sig ind under et strængt ceremoniel og vel vogtede sig for ved noget anstød at skade den hellighed som hvilede over forsamlingen. Hornet gik fra hånd til hånd ned ad rækken, mand for mand tog imod det med en velsignelse der udtrykte guders og menneskers enstemmige vilje; den lød vel i hovedsagen ens alle vegne: til år og fred, eller oversat: dette skal være til god lykke på ager og eng og til endrægtigt sammenhold mellem os som hører sammen. Og mens den enkelte drak og således både bekræftede velsignelsen og blev delagtig i dens virkning, sad alle offerfællerne spændt og vogtede på at han gjorde ret, så at alle fik del i lykken og var med til at skabe den. Dette var at drikke gudernes bæger — eller minne, som man senere sagde. Ved de store højtider flokkedes alle der hørte sammen i blod og ære, til den fædrene hal og byggede gennem blot og minnedrik deres fremtid op, med velsignelse for kvæget og frugtbarhed på marken, med godt frændskab, med fremgang i rådsforsamlinger og på tinge, med sejr når der var krig i vente.

I denne guddommelige samfølelse spændtes livet i alle deltagere op til det højeste, sådan som de følte det selv ved at blodet bankede af begejstring og gildejubelen brød frem gennem blotets strænge alvor. Så fødtes der løfter ved bægeret om stordåd som skulde gøre sønnerne værdige til deres fædres mål. Løfterne var spådomme eller varsler, fordi guderne deltog og lagde deres kraft i ordene, og således fødtes fremtiden i det allerhelligste — løftet ved bragebægeret eller manddomsdrikken skabte og åbenbarede det uskete som skulde »komme frem«. Men også fortiden med sine dyre minder fra ættens historie blev genfødt, idet man i højtidelig tone fremsagde — kvædede — de sagn og kvad som udgjorde folkets stolthed eller hvad vi måske vilde kalde, udtrykte dets jegfølelse.

Da diserne var faldet og man samledes om de nye guder, fandt det naturligt sted under de gamle gildeformer. Øllet, som gildet ligefrem kaldtes i middelalderen, blev ved at være hjærtet i alt åndeligt og socialt samkvem i by og på land, og der gik hornet og kruset om med Krists og Marias og St. Mikaels minne under de gamle velsignende ord: til år og fred! I de middelalderlige gildeskråer gives der nøjagtige forskrifter om hvad brødrene skal foretage sig på de store højtidsaftener, når Hellig Olav, Hellig Knud, St. Gertrud og de andre lavspatroner fejres sammen med Vor Herre og Vor Frue, og i disse bestemmelser indtager reglerne om drikkens anordning en fremskudt plads. Brødrene skal drikke rettelig, ikke sætte karret bort, men høvisk række det i hænde på sidemanden, de må ikke være uopmærksomme når minnet signes, de skal rejse sig når minnet synges og når de hver for sig modtager bægeret og drikker, de må ikke sove under handlingen eller vise ringeagt for højtideligheden ved mangelfuld påklædning — alt sammen påbud hvis betydning bundede i at ritualet var gudstjeneste. I Norge var det hver mands pligt at fejre den hellige julenat med et ølgilde, Krist og Maria til tak, og om høsten, senest omkring Allehelgensmesse, skulde bygden slå sig sammen til fælles drikkelag om Krist og Vor Frue. Gildet skulde mindst være så stort som på et mæle øl for hver bonde og et for hver hustru, det vil sige omtrent så meget øl for hver mand som der kom af en skæppe malt. Tre husstande udgjorde den mindste tilladelige kreds for det store høstøl; kun hvis man boede så ensomt på ø eller fjæld, at man ikke rakte frem til naboer, måtte man have lov til at holde festen alene, på den betingelse at man erstattede samlaget ved selv at drikke øl for tre. Den der lod hånt om jul og julegilde, havde at bøde tre mark til bispen, og sad han tre år uden drikkelagets velsignelse, havde han dømt sig selv uden for lands lov og ret, og kongen måtte se til at en sådan hedning ikke blev boende i Norge.

Sådan lyder lovenes forskrifter. Her er ikke tale om at man har lov til at følge sit hjærtes trang til at tømme bollen; det er højtidelige bud, som foreskriver hvorledes enhver borger i landet skal vise sin kristendom. Ganske ligesom man i gamle dage måtte styrke sig selv og sine frænder ved blotet, således skal man nu under den nye sæd give Gud ære og gøre hvad der er fornødent, for at landet skal stå vinter og sommer igennem uden tørke, skadefrost eller anden våde.

Velsignelsen trængte ned i øllet ved at det viedes til guderne og blev delagtigt i deres kraft. Nu gik de nye guder ganske simpelt ind på asernes og disernes plads og erstattede dem, og som man før havde talt om gudernes bæger, sådan sagde man nu Krists minne. Der skete ikke nogen forandring i skikken, men

der var foregået en forvandling af det hellige og følgelig også i drikkens natur
og indhold. Denne forvandling er noksom antydet ved at den hævdvundne
midvinterfest rykkedes frem til Krists helligaften, da Gud, den nye Gud, var
overordentlig til stede blandt sine tilbedere. Med fuld ret sætter traditionen
skellet mellem gammel og ny sæd på dette punkt, når den fortæller om at Ha-
kon Gode fastslog som lov, at man skulde begynde sin julefest på samme tid
som de kristne og holde helligt så længe øllet slog til, eller når den priser Olav
fordi han kristnede Norge, byggede kirker, afskaffede blot og vænnede folket
til at holde jul og påske samt Johannesøl og et høstøl ved St. Mikaels tid.

Foruden de store blotfester var der mange hellige skikke og ceremonier at
overholde i forbindelse med de gamle guder. På Island og i den største del
af Norge var fårene og køerne bondens rigdom og vigtigste omsorg. Fra
hjorden kom den mælk og ost der var hans hverdagskost, og det kød som
var højtidernes hellige føde. Derfor viede han sine kreaturer til guderne;
han forsikrede dem i gudens kraft, ti han vidste at da var de beskyttede
mod al skade fra luft og jord, da svulmede deres kraft over i rigelig mælk
og meget afkom. Men bondens stolthed og glæde over fede og godtholdte
høveder udtømmer ikke Nordboens følelser overfor sit kvæg; når han så
på sine hellige kreaturer, kom der endda langt stærkere følelser op I ham.
Livet var ikke delt op i det åndelige og det materielle sådan som hos os, og
sad guddommelig velsignelse i kvæget, da bragte køerne og fårene også
menneskene lykke helt igennem i alle henseender. De gik på græsgangene
spændte af livskraft og strålede velfærd ud fra sig til alle deres omgivelser,
så at bonden selv og hans kvinde blev store og stærke og frugtbare ved at
have dem gående mellem gården og engen. Disse kreaturer var bondens
guder, ligesom de var det ældste Israels, kan man med rette sige, blot man
forstår hans tanker ret; folket så i dem bærere af noget guddommeligt, der
formidlede en evig velsignelse over til mennesket. Og dette var også betin-
gelsen for at deres kød på højtidsbordet kunde tjene som en livstyrkende
spise, der ikke blot gjorde legemerne sunde, men også styrkede sjælene til
alt hvad godt og ret var.

Dyrene følte kommende farer før husbonden og lagde deres viden for dagen i tydelige varsler. Når manden stod tvivlrådig på en korsvej, lod han tit hesten eller oksen gå frem, og i helligt instinkt gik den hen hvor lykken ventede. Mere end een gård er blandt udflyttere blevet rejst hvor dyret lagde sig, og mere end een har som Kong Halfdan Svarte søgt oplysning om fremtiden gennem drømme ved at lægge sig til at sove i svinestien. De allerbedste høveder blev somme tider viet til guderne med særlig kraftige ceremonier, så at de gik i hjorden som et helligt pant på gårdens lykke. Fra Island fortælles om en høvding, Hrafnkel Freysgode, at han blandt sine heste havde gående en prægtig hingst, der aldrig tålte nogen rytter eller nogen byrde på sin ryg, fordi den var helliget Freyr; og da engang en ubændig hyrde tog den og brugte den til at ride ned til gården i et vigtigt ærinde, blev bonden så oprørt over krænkelsen, at han dræbte karlen. I Norge kom det i missionærtiden adskillige gange til opgør mellem kristenguden og sådanne hellige kreaturer som folk »troede på«, som det blev kaldt i kristeligt sprog, og undertiden måtte omvendelsen så at sige begynde i stalden. Olav Tryggvason hørte engang om en stor bonde, Harek på Reina, at han havde en umådelig stor okse på sin gård, som han fæstede lid til fremfor alt i verden, og kongen forstod da straks, at så længe den tro fik lov til at råde i Harek, gik der ingen kristendom ind i ham; derfor rettede han sine første omvendelsesforsøg mod oksen, og først da han havde vist sin magt ved at gøre det af med kreaturet, gik han over til en alvorlig diskussion med husbonden.

Da nu den nye sæd var indført og der skulde gives bestemmelser for hvad der var god kristendom og hvad der var trolddom, kom en paragraf til at lyde sådan: »Mænd skal tro på een gud og på hans hellige mænd, og ej blote hedenske vætter. Det er at blote hedenske vætter, når man signer sit kvæg til andre end Gud eller hans hellige mænd.«

De nye guder måtte overtage varetægten over kvæget efter de gamle, og bondens år blev som før helliget ved en uendelig rad af ceremonier i stald og på ager. For blot at antyde hvilken vægt af religiøse stemninger der hang ved en enkelt dag, kan man tænke på anden juledag eller Stefansdagen; i Sverige drak man Staffans minne, om morgenen red bønderne om kap fra kirken, og den der først nåede hjem, fik først indhøstet, og over festen klinger folkevisen, der også kendes i en dansk form:

> Vor Herre blev født om julenat,
> Herre Jesus han lod sig kalde;
> da blev en stjærne på himlen sat,
> den lyste over landene alle.
>
> St. Stefan han rider de foler i vand,
> han ser den lyse stjærne:
> Forvist er nu den konge født,
> som frelse skal al verden.

Under den gamle sæd havde velsignelsen haft sit midtpunkt i helligstedet. Der gik man ud, når det gjaldt om at finde et godt råd under en vanskelig situation eller ny kraft til nødvendige foretagender. Der hentede ynglingen sin indvielse til manddomsgerningen, og der fik vel også hustruen sin lykke til at føde sønner og døtre til sin husbond. Det siges om hedningerne at de blotede lunden eller fjældet, som det hedder at de blotede guderne; det vil sige, at på helligstedet udførtes en del af de ceremonier der skulde styrke livet i frændelaget. Hver ættegård havde sit helligsted, lille og fattigt udvortes set eller stort og anseligt, et træ eller en kilde, en bakke eller et fjæld, hvor menneskene var gået ud slægt efter slægt for at hente styrke eller visdom. Og man var aldrig gået forgæves — ja, var det hændt at der ikke kom svar, da betød det en ulykke, ti da var guderne svækkede eller døde. I helligstedet boede guderne, og det ikke blot som personligheder; stedet var fyldt med deres kraft, deres liv, så at den blotte nærværelse på stedet bragte velsignelse. Derfor var det også ukrænkelig grund; her måtte der ikke tages liv eller overhovedet begås noget usømmeligt. Selv dyr der tilfældigt forvildede sig inden for området, var fredhellige. Stedets hellighed var afmærket ved en hørg eller stendysse, der betegnede gudernes nærværelse, således som vi også hører om det hos Israel, som for exempel i Jakobs historie.

Når det nu i kristendommen forbydes at blote høj og hørg, ligger i bestemmelsen angivet at de fordums helligsteder er tomme og forladte; men når det tilføjes: alle skal dyrke kirken, hører man gennem ordene en trøst: at mennesker af den grund ikke behøver at stå rådløse. Helligstedet er blot flyttet, dets kraft er bevaret; man kan som i gamle dage gå ud og hente velsignelse, man skal blot gå hen hvor den nu har sit sæde. Kirken betyder ikke alene stedet, men også en magt som sidder i stedet, og denne guddom er ny og har en anden vilje end den gamle; men den er sådan skabt, at den i alle måder træder i steden for kraften i bakken og kilden. Det er ikke ord og forestillinger man skal hente hos den nye gud, men en realitet, og den findes i det nye helligsted. For at tage et enkelt exempel: århundreder igennem, helt ned til reformationen og efter den, er bønderne mange steder ved bryllup draget til kirke, ikke for at deltage i gudstjeneste, men for at hente lykke. Og kirken med sine omgivelser overtog da også helligheden, i den forstand at den blev fristed, hvor flygtninge var ukrænkelige og alt våbengny forbudt.

I mange sind har vel under omvæltningen det spørgsmål gæret, om de nye guder også vilde bo på de gamle steder, og tit nok har man ud fra erfaringen kunnet besvare det med et glad ja. Vi behøver blot at minde om at kilderne ikke blev tomme vandhuller, fordi der kom kristendom i landet; tit nok blev man jo nødt til at rejse nye helligdomme ved helligkilderne. Spørgsmålet om forholdet mellem de gamle og de nye helligsteder var ikke et der kunde afgøres med et magtsprog een gang for alle, det måtte netop løses gennem erfaringen, og det eneste kriterium var om man mærkede guddom på stedet. I det store og hele har de lyse diser næppe haft nogen vanskelighed ved at finde sig til rette i de forladte høje. Adskillige af de Nordmænd som flyttede ud til Island, lagde vejen over Britannien og antog kristendommen under deres ophold der. Når de så kom ud, byggede de en kirke, eller de udvalgle sig som den mægtige høvdingekvinde Aud en bakke til andagtsted og mærkede den med et kors. Auds slægt gik tilbage til den gamle sæd, men de anerkendte hendes valg; da hun var død, blev hendes bønnebakke til gårdens helligsted, og korset erstattedes med en hørg. Efter senere tiders antydninger at dømme er det ikke gået meget anderledes til i de mange tilfælde hvor omslaget gik i modsat retning. Ofte nok har vel kirken rejst sig på den gamle tempelgrund, så at mænd og kvinder kunde vedblive at træde den vante vej, når sjælen drev dem til at søge lykken bag hverdagslivet.

Livets kærne og mål
under den gamle sæd

På den tid da bonden viede sit øl til Krist og dyrkede kirken var man kommet frelst over vanskeligheden ved at give sig over i nye magters vold. Men på overgangen, da det gjaldt at vælge mellem det velkendte og det ukendte, har der været alvor i prøvelsen.

Moderne historikere har som regel været alt for optaget af det rent ideelle spørgsmål: hvad havde kristendommen at bringe, til at tænke på hvad den anden part behøvede, og hvad den kunde bruge. Og det er dog i kristendommens modtagere at historien skabes.

Kirkehistorikeren har udelukkende set begivenhederne oppefra; han har stillet sig på prælatens og teologens standpunkt og har taget som givet at han vidste hvad kristendom var, for så at bedømme de faktiske forhold, efter som de bedre eller dårligere stemmede med hans færdige skema. Hvad Romerkirken var i sit inderste væsen omkring år 900 eller 1000, kan den kyndige forsker så temmelig udrede, og endnu lettere er det at beskrive hvad den egentlig skulde have været ifølge sine forudsætninger — eller ifølge protestantiske forudsætninger; men dette har såre lidet at gøre med den store religiøse begivenhed der omskabte Norden — slige spekulationer fører kun til et overslag over hvad vore forfædre passende kunde være blevet til, hvis blot de selv og alle de andre havde været ganske forskellige fra det de var. Afgørelsen den gang skulde fældes og blev fældet af mennesker der mødte med deres bestemte tanker om godt og ondt, liv og død, salighed og undergang, mennesker der vel, når det gjaldt, kunde bytte deres forestillinger bort mod andre, men aldrig kunde opgive de fornødenheder som lå til grund for håb og tro.

Det er godt nok med den nye sæd, sagde hedningerne, men kan den sige os hvad vi gerne vil vide? — Kan den give lys over fremtiden, ligger der i deres ord, og vi mærker noksom, at den tvivl der ruger i ordene, bunder i et andet, dybere spørgsmål: kan den gøre noget ved fremtiden?

Hvad var så fremtiden? Jo, den var frugtbarhed på ageren, godt år uden skadefrost, med solskin og regn i rette mål; den var kvæg, den var sønner og døtre. Men fremtiden er ikke udtømt med en liste over de timelige behov; selv om vi så opregner alle jordiske lyksaligheder, finder vi ikke frem til det afgørende. Skal man i en enkelt sætning udtrykke indholdet, kan man kun sige at fremtiden er menneskeliv, men man må da straks tilføje hvori livet bestod for disse mennesker. Liv betød først og fremmest uryggeligt sammenhold mellem dem der var født til at høre sammen i verden. Liv indbefattede godt omdømme i folket, vægt i venners og kyndinges rådslagning. Livet var i æren, det vil sige mandens kraftfulde selvhævdelse overfor uret, hans energiske værnen om blodet gennem hævnen, og hans ævne til at bevare sig selv for sådanne handlinger der skadede gerningsmanden indefra — nidingsværk, som de kaldtes. Og liv, det var en fremtid ud over dødens tærskel. Det var ikke nok at leve i eftermælet, heller ikke nok at leve i højen. Denne udødelighed vilde før eller senere slippe op, hvis ikke ættens vedvaren sikredes fra slægt til slægt; den fornyedes ved at der stadig skød nye grene ud på ættens træ. — Denne fornyelse i generationerne var for Nordboen den sande udødelighed; ti for ham kom det an på at slægten levede evig i verdens lys, ikke at han selv blev ved at eje en personlig tilværelse; for øvrigt fik han selv del i fornyelsen, for i de nye ætlinge genfødtes de afdøde —

de droges frem igen fra gravens baggrundsliv til ny manddomsgerning i en efterkommer. Fremtiden måtte skabes sammen med guderne både for levende og døde; blotfest og gravøl var ved siden af et dådrigt, kraftigt arbejde på ager eller på kampplads en nødvendig betingelse for lykke her og lykke hinsides døden.

Kan den nye sæd give os dette, lød spørgsmålet. Ingen forstår den bekymring som rugede i disse mennesker, så længe han blot ser på dem udefra og tror at de ved offer og gravøl gjorde deres pligt og lod guderne om resten. Man lod ingen rest til guderne.

Vore forfædre havde ikke noget iltert ved sig; men titter man lidt ned under overfladen, vil man snart opdage at det sindige i deres væsen beroede på årvågenhed. Det var et menneskeliv uden ro eller rast, altid spændt og kun trygt så længe æren og lykken holdtes frisk og munter. For den enkelte var livet et bestemt mål han skulde opfylde, og målet var givet ved hans fødsel ifølge den plads han fik i verden. Slægtens fortid var et ideal som måtte virkeliggøres helt og fuldt af hver generation; det mål af ære og magt, rigdom og gavmildhed, finfølelse og krigeriskhed som forfædrene havde skabt, måtte fædrene føre videre, for at de kunde overgive slægtsæren og slægtslykken til sønnerne i ubrudt kraft. En undskyldelig svaghed kendtes ikke, ti det mindste fald var nok til at styrte en brav mand hovedkulds ned i vanære og død, og jo højere manden stod, des mere skæbnesvangert var et fejlgreb. Faldet behøvede ikke at være hvad vi kalder mandens egen skyld, det blev ikke mindre ødelæggende, fordi det beroede på en undladelse. Det kunde komme ved en synd, som fejghed eller gerrighed eller troløshed, det kunde lige så godt komme ved at en krænkelse ikke blev hævnet. Måske *kunde* den ikke hævnes på grund af modstandernes overmagt, men heller ikke det gør nogen forskel; faldet betød under alle omstændigheder undergang, ti derved mistede frænderne al menneskelig lykke, så at de efter døden gled over i de ondes skyggeverden. Døden gjorde ingen forskel, end ikke den kunde borttage ansvaret og faren ved at leve; så længe livet stod, blev det ved at bygge væg om væg med faren. Når manden havde løbet sin levnedsbane til ende uden at snuble og havde sat sig til ro i sit stenkammer, selv da afhang hans fremtid af om slægten mand for mand hævdede fortiden. Ti så inderligt var samfundet, at den ene trak alle med i faldet, levende så vel som døde. Der kom aldrig i evighed noget punkt hvor man kunde slå sig til ro og sige: æd, drik og vær glad! Man måtte virke for at der aldrig i ens æt skulde komme nogen som lod livslampen slukkes.

Det var ikke et tilfælde at vore forfædre blev en hård og en stærk slægt; de havde i sig den spændkraft som kommer, når man selv bærer hele ansvaret. Al deres handlen er mærket af ansvarsfølelse og selvtillid. Deres udødelighedshåb var udelukkende grundlagt på egen omsorg for fremtiden. Slægten skulde selv våge over sine døde, og det var ikke nok at følge dem ind i gravriget med alle velsignelser og der bygge dem en tilværelse op som holdt dødens gru borte fra dem, man måtte stedse sørge for at holde dem i nært samfund med frændelaget i de levendes boliger. Frygt for den legemlige død kendte Nordboen ikke, men han kendte en dybere angst, angsten for at blive alene eller med andre ord at blive sat uden for samfund med mennesker og dermed uden for virkeligt liv. I gravøllet grundedes den hedenfarnes lykke, og i de årligt tilbagevendende offergilder blev han med hele sin skare taget med ind i blothallen og genfødt sammen med de levende i festens og gudernes styrke.

Der var intet forsyn til at tage sig af folk hvem det gik tilbage for, eller af skikkelige sjæle der selv havde gjort hvad man billigvis kunde forlange. Forundret spørger nutidsmennesker hvad guderne da tog sig for, når man skulde gøre det hele selv. Jo, »man«, det var slægten, og den kunde gøre det hele selv, fordi den havde guderne til fæller. For udenforstående kan det se ud som om disse aser og diser var unyttige eller magtesløse, da vi fremmede ikke umiddelbart forstår at guder og dødelige var afhængige af hinanden i kraft som i vilje. Den enkelte var helt og holdent ansvarlig ikke blot for sin egen lykke, men også for sine frænders, alt hvad han gjorde enten af godt eller ondt, virkede tilbage på slægtens sundhed; men til gengæld følte han hele tiden ættens kraft i sig, og når det gjaldt, var han vis på sine brødres hjælp. Ligeså med guderne, de var mægtige, men de var kun stærke ved at virke gennem stærke, vågne mennesker. Gudernes dyrkere kunde bruge dem, og de kunde underbinde deres magt ved egen usselhed eller efterladenhed. Livet hvilede fra øverst til nederst på samvirke, frænde med frænde og frænder med guder; og når det gjaldt lykkens bevarelse og nyfødsel eller det religiøse, da måtte nødvendigvis hele ætten, sådan som den strakte sig fra det timelige ind i det usynlige, virke sammen af alle kræfter. I blotet hentede man velsignelse fra de evige magter, gennem blotet og det liv som udsprang derfra, øgede man atter den velsignelse som skabte gudernes magt. Således kom ingen i sin verdslige eller religiøse gerning ud over det ansvar, at fremtiden skulde skabes af ham i fællig med hans synlige og usynlige brødre.

En mand der ved, at livet kun rækker så langt som han selv væver det, han begynder ikke med at spørge en ny religion om den har garantier for fremtiden, han spørger om den har midler han kan bruge. Når nu pludselig den nye gud stod foran ham og med lokken eller truen forlangte en afgørelse på stedet, da måtte han føle det som om der stilledes det krav til ham, at han skulde slippe sit tag i tilværelsen, og han måtte forlange, at den nye gud kunde give ham et nyt hold lige så fast som det gamle. Der var exempler nok under omvendelsestiden på at experimentet var voveligt og kunde mislykkes. Vi hører om folk der dukkede sig for Olavernes kristeniver og tog deres gud på tro og love, men så også kom til at bøde for deres letsindighed: næste år var der stivfrossen jord på steder hvor de ellers plejede at finde høstefærdig sæd. Vi har antydninger fra familieopgør, der lige så tydeligt viser hvor dybt man følte faren ved at rykke livet op af dets gamle jordbund. En mand der på eget ansvar havde antaget kristendommen, kan kaldes frændeskam, og hvor meget der ligger i dette ord, er klart for den som forstår hvad ættens sammenhold, dens fællesskab om ære og religion betød. Frændeskam er den der opløser frændernes trygge tillid til hinanden, rodhugger den lykke som ene kan komme gennem endrægtig handlen, og således åbner muligheden for fejghed og vanære — han drager hele ætten med dens guder ned i elendighed og endelig død. Ketil Flatnef, en norsk høvding som opkastede sig til fyrste på Hebriderne, lod sig døbe med alle sine børn på een nær, Bjørn, som blev opfostret hjemme i Norge. Da Bjørn kom vestpå og fandt sin æt kristen, vendte han sig uvillig bort — han tyktes det var umandigt. Vi er tilbøjelige til at tage et sligt udtryk æstetisk, fordi vi ikke længer har den tids oplevelse af mandighed. I virkeligheden har ordet samme brod som »frændeskam«; det sigter sin mand for at have svækket fremtidens kraft både her og hisset.

Et historisk exempel på hvad det betød, når en mand unddrog sig den pligt at deltage i offermåltidet og derved ikke blot satte sig selv uden for alt åndeligt samfund med sine fæller, men også forhindrede dem i at skabe velsignelsen, ved at slå hul i den hellige kæde, har vi i fortællingen om Hakon Adelstensfostres og Trøndernes opgør ved blotet. Det berettes, at Hakon, som havde antaget kristendommen i England, vilde undslå sig for at deltage i blotgilderne, men folket knurrede og truede med oprør, om han ikke vilde gøre som hans forfædre havde gjort. På Sigurd Jarls indtrængende anmodning lod kongen sig bevæge til at gabe over offerkedlens hank, som var fugtig af emmen fra kødet. Derpå gik han til sit højsæde, og ingen af parterne var rigtig tilfreds. Ligeledes blev han tvungen til at tage ved hornet, som Sigurd Jarl havde viet, og da han vilde værge sig ved at gøre korsets tegn over drikken, lød råbet: »Hvorfor gør kongen det? Vil han ikke blote?« Og der blev ikke fred, førend Sigurd havde bortforklaret korstegnet som Tors hammermærke, der skulde vie drikken. En konge der ikke åd og drak med sit folk i den hellige fest, havde dermed sat sig selv uden for samfundet; ingen kunde stole på ham og endnu mindre vente sig nogen lykke under hans regimente. Hans egensindighed vilde koste hele landets velfærd.

Kan man uden fare
tage ved den nye sæd?

Spændingen mellem den gamle og den nye sæd førte ikke til kamp her i Norden, den udløste sig i overvejelser. Hedningen spurgte og brugte sine øjne, han vejede og prøvede, til han havde klarhed over virkningerne af trosskiftet, så sagde han sit ja eller sit nej.

Når jeg bygger en kirke, sagde en og anden af de islandske høvdinger, kan jeg så tage med mig ind i himlen så mange frænder og kyndinge som der bliver plads til i mit gudshus? Spørgeren anede ikke at disse ord, der for ham indeholdt et spørgsmål om liv og død, for sene tider skulde komme til at give ham et anstrøg af naivitet. Som bekendt var Islændingen ikke af naturen enfoldigere end folk er som flest, og ingenlunde enfoldigere end den gode mand der svarede ja på spørgsmålet; han vidste blot, at når han havde samlet sine om livsfornyelsen i gudernes kraft inden for blotsalens vægge, da havde fællerne tilsammen opbygget en tilværelse, der spændte døden ude og indgærdede et trygt fristed for levende og døde. Og hvad siger nu I, var hans spørgsmål, kan kirken og det der sker i kirken, gøre det samme for os?

Andre var der som med omhu granskede missionærens jordiske skikkelse. De målte apostlens lemmer, de vogtede på hans smidighed og hans måde at bære sine våben på. De spejdede efter beviser på at han var i stand til at holde sin personlighed i hævd overfor fjender og venner. Var der tegn til at den nye sæd gav vækst i manddom, eller gjorde den sin mand ringere? Hvis nogen mand har haft alle forudsætninger for at vinde sjæle, så hed den mand Olav Tryggvason. Han forstod at tage sjælene fra den side hvor de lå åbne. Hvordan eftertiden tænkte om ham som missionær, det læses bedst i historien om hans besøg hos Endride Asbjørnsøn i Trondhjem. Endride var en ung mand af stor æt, samme æt som fostrede Einar Tambeskælver, og han havde storættens sjælsadel. Olav hørte om ham og brændte straks af iver efter at føje den unge ædling ind i Krists skarer. En dag mødte kongen uanmeldt op som gæst på storbondegården; de to begyndte at tale om omvendelse og dens nytte uden at komme til noget resultat, og inden værten ret havde set sig for, var han midt oppe i en samtale om idræt. Olav havde hørt både dette og hint om sin unge ven, der ymtedes om hans færdigheder, var det svømning eller bueskydning, eller hvad var det? Endride mente ikke det havde noget på sig, folk gjorde jo ofte en hel del ud af lidt, når tungen kom på gled, og kongen kunde jo selv se han var en ung mand endnu, der måtte have meget at lære. Men kongen trængte på, her var jo den allerbedste lejlighed for Endride til at få afgjort trosspørgsmålet: lad sejren gøre udslaget. Kappestrid var jo mænds idræt — det var et argument af sådan hævd, at ingen mand med agt for sig selv kunde komme fra det. Så gik de til havet. Endride svømmede og dukkede, så at vejret forgik tilskuerne, men kongen kunde mere: han tog Endride og førte ham så langt og længe ned i dybet, at han ikke selv kunde redde sig i land. Anden dag skød de med bue — kongen havde også her et lille overtag — og endelig tredie dag kom den store prøve. Olav lod sit langskib lægge fra land, og mens folkene roede, trådte han ud på åreraden med tre sværd i hånden, gik fra stævn til stævn og rundt tilbage på den modsatte side, alt imens han lod sværdene kredse i luften. Da han kom op på dækket, stod Endride og så på ham i dybe tanker. »Jeg har,« sagde han til sidst, »ingen engle til at bære mig i luften« — eller det lader forfatteren ham sige; meningen er klar nok; din gud kan mere end mine, aldrig vilde jeg i deres kraft nå din fuldkomne manddom. Og dermed tog han tillidsfuldt mod troen.

Sådan opfattede sagamændene Olavs fremgang som forkynder af Kristi evangelium, og disse fortællere levede endnu fuldt ud i samme livsstemning som Olavs samtidige, så at de forstod og kunde gengive ånden fra omvendelsestiden. Vi ved, at på mange virkede Olavs person og hans hele færd med rent umiddelbar overbevisning. »Første gang jeg så kongen,« siger en, »forstod jeg straks han var noget andet end de fleste mænd, og hver gang jeg har set ham have med folk at gøre, er jeg blevet vissere i min sag — dog som jeg syntes om ham i dag, ved jeg at vi ikke kan gøre noget bedre end tro den gud han forkynder er sand gud.« Disse ord blev ifølge sagaen udtalt af en fremmed, der et par dage i forvejen havde set Olav for første gang. De som boede i landet, havde endda bedre lejlighed til at overbevise sig. Her var en konge, om hvem alle vidste at han ikke var blevet den mindste smule efterladende i at hævne krænkelser, der uforandret havde stormandens troskab mod sine venner og høvdingens nidkærhed mod fjender. Han bar sin æts, storkongernes, ubetvingelige lykke videre, i kamp så vel som i snildhed. Man så at han intet havde sat til af sine forfædres lykke til at stå i pagt med elementerne. Jorden bar rigeligt i hans dage; skibene styrede sejrsikkert under ham og i hans kølvand, ti han havde altid børen med sig, som hans forne frænder havde haft det. Alt dette var for samtiden et vidnesbyrd, ikke om at der var en gud, og en stærk gud, i spidsen for verdensstyrelsen, men om at Olav havde en spænstighed i sjælen, der var lige så stærk som hans oldefader Harald Hårfagres. Ti at sejle med børen lænket til sin skude og at forvirre fjenderne ved sin nærværelse, det var sjælsævner lige så godt som sømandsdygtighed og hærførersnille. I Olavs sundhed lå beviset for at hans Krist var værd at tjene, ti der var gudekraft i kongen, som der havde været i hans æt før ham. Han var beviset for at man kunde flytte sine livstråde over på Krist uden at miste sig selv.

Religonsskiftet var et valg, en ansvarsfuld afgørelse, men også en praktisk afgørelse. Derfor kunde den til tider falde let, hvad vi kalder forbløffende let, til andre tider var den umådelig vanskelig. Ja, enten var overgangen mulig, og så var der kun et skridt at tage, eller også var den på forhånd udelukket, og så var der ikke andet at gøre end at stå last og brast med de gamle guder. Overgangen blev et resultat af personligt valg. Hvis man forstår ordet personlig sådan at det betyder kampen mellem ville og ikke ville, da passer det ikke på disse opgør; men det har sin gyldighed, når man tager det i en dybere betydning til at betegne en overvejelse, om man kan eller ikke kan. Der var mange som ikke kunde. Vi har et yderliggående og derfor særdeles lærerigt exempel i den hålogalandske høvding Eyvind Kinnrifas heroiske kamp med Olav. Kongen stillede ham valget: Død eller Krist. Han prøvede overtalelsens kunst, han lokkede for ham med løfter om stor ære og forleninger; men Eyvind rystede blot på hovedet. Så forsøgte kongen hvassere midler, men først da Eyvind lå døende under pinslerne, kom sandheden frem: Han var ikke et almindeligt menneske, han var gudviet høvding. Allerede inden han blev født, havde hans forældre viet ham til guderne, og selv havde han, efter at han var kommet til skels år og alder, ofte i sine blot gentaget vielsen. Eyvinds liv — hans sjæl eller hans personlighed, som vi vilde sige — var så egenartet og så inderligt forbundet med det gamle, at det ikke tålte at omplantes, og derfor kunde ingen magt udefra fremtvinge et ja til kongen og hans Krist.

Hvor let omvendelsen kunde falde for andre, er jo een gang for alle dokumenteret i den berømte altingsforsamling anno 1000, da spørgsmålet: hedensk eller kristent, blev afgjort for Islands vedkommende ved en politisk tale af lovsigemanden. Forud for omvendelsesdekretet var der gået nogle års missionsarbejde; gård for gård havde man valgt, somme steder at tage ved de nye guder, andre at blive ved de gamle. Der var på den måde skabt to stater på øen, ethvert samarbejde mellem de to magter var umuligt, og parterne mødtes på hint års alting nærmest med den beslutning at sprænge folkeenheden og slå landet i stykker i to republiker. Hedningerne havde den gamle forfatning på deres side, og de holdt fast ved dens love; de kristne havde givet deres bedste mænd det hverv at formulere en ny lovgivning for den hælft som med den nye sæd også måtte have nye regler. Der stod parterne uforsonligt overfor hinanden, men med al deres trosiver kviede fremskridtsførerne sig ved at tage ansvaret for en sådan splittelse. De vidste ingen bedre udvej end at tinge hjælp hos den gamle lovsigemand, hedningen Torgeir, og overdrage ham det hverv at formulere og fremsige de nye love. Torgeir lagde sig ned i sin bod, trak skindfelden op over hovedet, og tænkte en dag og en nat. Næste morgen gik han til lovbjærget og æskede lyd. I sin tale mindedes han til en begyndelse, hvordan det før var gået mennesker som var blevet kraftløse gennem indre splid og atter havde vundet sundhed og styrke, da de lærte at række hinanden hånden til fred. Liv i endrægtighed er bedre end undergang i splid. »Derfor skal der fra i dag af kun være een sæd på Island, alle skal lade sig døbe, ingen må blote offentlig, men gør han det i løndom, skal det være strafløst.« Dette var en konsekvens som ikke fulgte logisk for alle. Men alle tog den. Og vi har ret til at sige, at fra den dag af var der intet hedenskab på Island.

Hvad der her afbildes i det store, det gentog sig jo i det mindre år for år under omvendelsestiden. Missionæren kom til gården, husfaderen grundede på ordene, overvejede dem med sine nærmeste, og så blev hele huset døbt. Kongen kom til herredet og holdt disputats med bygdens hedenske mænd, resultatet blev i al almindelighed, at Krist ikke var den ringeste, og når kongen drog bort, dyrkede man der på stedet nye guder.

De enkelte der som Eyvind Kinnrifa ikke kunde gøre forandringen med, har måttet døje meget ondt efter deres død for de gejstliges hånd. Deres modstand kunde naturligvis kun tilskrives djævelens indflydelse; og alt hvad der kan siges ligesindede til advarsel om ondskabens magt i sjælene og Satans list, det er alt blevet prentet og naglet til deres skampæl i historien. Til gengæld har man i vore dage, humoristisk nok, ikke været fri for at rynke lidt på næsen ad disse hedninger der marscherede i trop over i kristendommen; en sådan omvendelse en bloc stemmer ikke med protestantiske begreber om hvor svært det er at få en personlig overbevisning.

Men det kunde være at de to typer, Eyvind og Torgeir, har mere tilfælles end resultaterne umiddelbart lader formode.

Vor opfattelse af forfædrenes guder stammer fra vikingetidens poesi, hvor digterne har skabt en skare store guder med borge i Asgård højt oppe over menneskeverdenen. Men dette er en digtning, som hørte hjemme på de fine kongsgårde, hos erobrerfyrsterne i Vesten fornemmelig. De egentlige guder, der dag for dag levede sammen med deres dyrkere, var ikke verdens herrer, der som Odin red over land og hav; de boede fast i deres helligsted og gik med bonden på ageren og på vejen inden for sognet. Når folk talte om dem, kaldte de dem vore guder, vore diser, og i dette »vore« lå en klar omgrænsning af den æt som havde sit åndelige midtpunkt i den høj hvor magterne boede. Det var denne æts lykke og liv der udgjorde deres væsen, ligesom det var Israels lykke som besjælede Jahve i den ældste tid, da David kunde klage over at hans fjender jog ham ud af Jahves land og sagde til ham: gå bort og tjen andre guder. Med disse personlige guder var det kristendommen skulde gøre op; oplevelsen på Halls gård er helt igennem sand. Og det vilde være en skæbnesvanger fejltagelse, hvis man troede at alle guder lignede hinanden på et hår; hvordan skulde det være muligt, siden de havde deres liv og væsen i samfølelse med en bestemt kreds mennesker, hvis interesser og forudsætninger ikke helt genfandtes på noget andet sted. Derfor måtte valget mellem guderne og Krist i hvert enkelt tilfælde få sin egen karakter.

På den anden side var der grader af inderlighed i forholdet mellem de dyrkende og de dyrkede. For alle uden undtagelse beroede jo ganske vist livet på blotfestens forbindende ævne; den åbnede sluserne for det guddommelige, så at det bruste over i folket og fyldte sjælene med det kommende års kraft. Jo stærkere livet eller lykken var i en mand, des nærmere stod han det guddommelige, eller des guddommeligere var han. Således set er der ingen væsensforskel mellem Eyvind og hans folkefæller. Men der var den ulighed, at i de højhellige slægter fløed guddomskraften så stærkt igennem årerne, at den så at sige overvejede det menneskelige. Dette gjaldt især ættens første mænd, der fra barnsben af var viet til guderne. Eyvind havde altså fra tidlig tid af optaget sine guders kraft i sig, så at han nu var helt gennemtrængt af dem og ikke kunde udskille dem af sit væsen. Deres vilje var hans vilje, deres død hans død. Og han stod ikke ene. Rundt om i landet havde han brødre, især blandt høvdingerne, der sad lige så fast i gammeldags guddommelighed, og som derfor måtte vandre i døden sammen med deres guder. Der har vel også været adskillige, hvis »fromhed« kom Eyvinds så nær, at omvendelsen måtte koste en alvorlig kamp, ja ligefrem en udrensning af selvet. Fromhed betød i gammel forstand, at manden punktligt måtte overholde sin slægts nedarvede skikke, at hans højhellighed, hvis han tilhørte en fornem slægt, stillede visse krav til renhed som ikke gjaldt for normale mennesker, at han for exempel ikke måtte klippe sit hår, ikke måtte komme i berøring med noget urent; og den åndelige genpart til denne fromhed bestod i den lykke, den anseelse der fra gammel tid afgav rettesnoren for høvdingens opførsel. En sådan stormand vovede sit jeg, sin personlighed ved at gå over til nye guder; hans gudebårne høvdingskab, hans fortidsbegrundede adel, hans enestående åndsmagt, kort sagt alt hvad han genkendte sig selv på, kunde gå i løbet. I en sådan krise er det ikke frygten for socialt forlis der behersker alle tanker. Den største angst i verden er den der griber en mand, når hans indre sammenhæng begynder at glide og hans samvittighed smuldrer hen. Ti etisk holdning er jo ikke en egenskab der kan flyttes efter behag; ligesom legemets rankhed og smidighed afhænger af en fuldkommen harmoni i alle lemmer og muskler, sådan beror moralsk selvbeherskelse og selvsikkerhed på et sammenspil mellem alle de tanker og følelser som udgør mandens åndsenhed. Og skal en sådan karakter genrejses på ny grund, må det gå gennem en nyfødsel af personligheden. I England ser vi mange exempler på nykristne der opgav ævret og blindt kastede sig i armene på en fremmed kirke mod at få al moral dikteret udefra, og fra gejstligt synspunkt set er det naturligvis den slagne kongevej til helgenglorie. De søgte deres frelse i at opgive ære og pligt som fyrste, de fandt et surrogat for livet i klostergang, pilgrimsfærd og udøvelsen af anbefalede og foreskrevne gode gerninger. De opgav sig selv og høstede lønnen: at blive kirken et mønster på gode kristne. Hedningerne her i Norden gjorde den stordåd at blive nye mennesker og at genskabe sig selv i omvendelsen.

Nye guder, nye hjærter

Fællesomvendelsen var da ikke tegn på ladhed og valenhed, tværtimod, den var eneste form for kristianisering. Uden samdrægtighed var enhver forandring umulig, i den kunde alting reddes. Livet var ikke et enkeltmandsliv. Frænde led for frænde og styrkedes ved hans fremgang, kun gennem kredsen som helhed gik vejen til guderne. Den enkelte der brød ud og handlede uforsvarligt mod sine fæller, var hele ættens ødelægger, og hans overgang til andre guddomme var et snigmord mod ætten. Kom der en gang religiøs tvedragt ind i laget, gaves der kun eet råd til at genoprette livet — det at alle fulgte med og genskabte endrægtigheden på ny grund. Og når kaldet kom til en slægt eller et folk, måtte svaret lyde: alle eller ingen. Lød det alle, da var bruddet med det gamle fuldstændigt.

Denne fællesoptræden, som har været så mange inderlighedsapostle en torn i øjet, indeholder altså det bedste bevis på sindenes fuldkomne fornyelse. Og det kendes på de nye kristne, at de er mænd der har gjort op med fortiden een gang for alle, så at de hverken er trælle under den eller bange for den.

I literaturen har vi fra kristen tid en lille række humoresker over de gamle, forladte guder. I en sådan historie som den om Odin der kommer forklædt og spiller kristenmændene et puds, giver disse kristdyrkere sig selv med en kæk ironi, der er lige så fri for al leflen med hemmelige længsler som for al angst for at røre ved ømme strænge. De kan spille med fortiden med en så overlegen humor, at vejret næsten forgår os nutidsmennesker.

En hellig påskekvæld da Olav Tryggvason lå på gæsteri ved Øgvaldsnæs, kom gamle Odin strygende ind på gården og gav sig i snak med kongen; han var så rap på tungen og så fuld af historier fra gamle dage, at Olav glemte tiden og tillige slet ikke lagde mærke til at gubben kun havde eet øje. Hvor meget så gubben fortalte, kunde kongen ikke få nok, og han ænsede knap at der var en hofbisp til stede, som på embeds vegne måtte have stærke betænkeligheder ved en sådan interesse for ting der aldrig kunde tjene til opbyggelse. Den fremmede forstod at lede samtalen hen på så tvivlsomme, vovede æmner som troen på viede kreaturer. Kongen kom i samtalens løb til at berøre navnet på det sted hvor gården lå; det hed Øgvaldsnæs, hvor mon det kom fra, vidste gæsten også det? Jo han kendte godt Øgvald, en konge af den gode gamle slags, der vidste hvad der skulde til; han havde en ko som han havde viet og gjort stærk ved en hellig blotning; han førte den altid med sig, for at den skulde bringe ham lykke, og han regnede dens mælk for at være meget helsebringende. »Og deraf kommer det mundheld, som du nok kender og måske ofte selv har brugt, at karl og ko skal følges ad. Da kongen døde, blev han da også begravet i en høj og koen i en anden ved siden af, og på graven er sat de bautastene du kan se udenfor, og sådan gik det altså til, at stedet kom til at hedde Øgvaldsnæs.« Kongen blev mere og mere optaget, og da han til sidst efter at være blevet mindet mange gange af bispen måtte gå i seng, skulde gubben endelig sidde på sengekanten en stund endnu og tale med ham.

Det er ikke nogen ringe digter som her stiller de to tiders repræsentanter op imod hinanden og lader deres tanker krydses lige i brændpunktet; ud fra de traditionelle linjer i Odins væsen har digteren skabt guden om fra den guddommeligt snilde til den underlegne, som tager revanche i et underfundigt vid. Af hans gamle, magtfulde visdom er der kun blevet en træskhed tilbage, men dette våben fører han så sikkert, at ingen kan gribe ham i gerningen. Digteren fortjener al ære for sit kunststykke, men hans kunst, denne smilende og dog naive overlegenhed, kan ikke blive til i sjæle der med møje skal

holde fast ved sandheden, den forudsætter åndelig sundhed ikke blot i dig-
teren, men i det folk hvis talsmand han er.

Historien bevarer sin ligevægt lige til enden og Odins nederlag. Da kongen
langt om længe gav efter for bispens formaninger til at søge hvile og lade den
gamle fare, begav Odin sig ud i køkkenet. Med en blotguds kendermine sy-
nede han kokkens påskemad — det var dog noget mavert sul at sætte på en
konges bord. Og det skulde være højtidsmad! Nej, da havde han anderledes
kød at byde på. Og han lagde to fede oksebove frem og puttede dem ned i
kedlen til det andet kød. Så snart kongen vågnede, spurgte han efter den
gamle, men underligt nok var han ikke til at finde, og da køkkensvenden kom
ind og fortalte om de dejlige bove han havde efterladt, gik der et lys op for
kongen. Han gav øjeblikkelig strænge ordrer til at alt kedlens indhold skulde
brændes og strøs i havet. Det var ikke noget menneske, men den lede selv i
Odins skikkelse som havde været på besøg, og Gud være takket at de slap
lykkeligt fra den gamle fjendes anslag og ikke fik hans djævleblændte kød-
mad på bordet — og så gik kongen i kirke med biskoppen.

Man behøvede ikke af angst at male Odin af som Fanden for at besværge
ham, og man lo ikke ad ham som en usselig fyr der gik mellem gårde til folks
moro. Man vidste hvem han var og hvad han vilde, og nærede en slags beun-
dring for ham; og på baggrund af denne respekt — eller frygt, om man vil —
skal historien ses, for at dens overlegenhed kan komme helt til sin ret.

En digter der så trygt kan gøre op med fortiden i kraft af at han har en nutid,
han må have en kultur i ryggen. Han er repræsentant for et folk der havde
en sådan åndelig fasthed, at det uden nogen forknythed brugte sine egne ån-
delige skatte fra fortiden. Poesien blev ført videre i ubrudt linje smykket med
det gamle hedenske billedsprog. Ætternes traditioner og digtninge plejedes
trofast slægt for slægt, til de reddedes over i skrift. På deres kors og grave
satte de kristne Nordboer billeder fra myter og sagn side om side med
kristne symboler. Disse kendsgerninger vidner først og fremmest om at

disse mennesker var ukendt med den religiøse panik der andensteds har lagt kulturer øde og givet åndslivet et foreløbigt knæk. Men de vidner endnu højere om disse folks ævne til at indordne fortiden under nutiden og gøre den til en værdi inden for den nye livsform. De er et vidnesbyrd om en omvendelse, der skabte ny, bærende kulturgrund.

Den nordiske middelalder har så rigt et galleri på personligheder som næppe nogen anden tid i historien; kun een type mangler: manden der halter mellem Gud og Belial. I den allerførste tid kan der blive tale om mennesker som tilsyneladende delte sindet mellem de gamle og de nye guder. Om en islandsk høvding, Helge Magre, hedder det at han troede på Krist, men påkaldte Tor til søfart og andre vigtige foretagender. Men en sådan mand hører ikke hjemme blandt halvkristne og kan ikke dømmes efter troens regler. Når Nordboen kom ud i kristne lande, måtte han anerkende den gud der rådede der, og han viste sin anerkendelse ved at lade sig primsigne for at kunne drive handel og have samkvem med dem der stod under kristengudens myndighed. Ingen fornægtede sine egne guder, fordi han anerkendte andre som magthavere inden for deres område; man kunde ikke træde i forhold til sine medmennesker uden om deres guder, da der ikke gaves nogen grænse mellem verdslige og religiøse handlinger. Helge Magre gjorde intet andet end hans landsmænd og han selv havde gjort under opholdet i England — han gav hver gud sit; sådanne fænomener tilhørte overgangstiden, da kristendommen for disse mennesker endnu var en lokalkultus blandt andre religioner, og ved opgøret med kristendommen som verdensmagt forsvinder de fuldstændig.

Naturligvis fandtes der i den ældste tid virkelige undtagelser, folk der, som man sagde, var blandede i troen, der hang ved det gamle og skjulte deres forkærlighed for de afsatte guder under en udvortes bekendelse. Men de gik dermed over i troldmændenes skare. Der havde været hekse og troldkarle til under den gamle sæd, og deres lav blev nu rekruteret fra ikke-kristne, som brugte forbudte former fra levninger af gammel kultus til deres hemme-

lige kunster. Lovene fordømmer sådanne vaner som at have lerblot og mad-
blot i husene, det vil sige lerting og madformer som bar vidne om at de brug-
tes til at skaffe hjemmet hedensk velsignelse.

I lovene er der også antydninger af at folk holdt fast ved de gamle høje og
hørge på en vis der ikke stemmede med kristendommen og de nye guders
væsen. Men om nogen bevægelse i tilbagegående retning er der aldrig tale.
Havde der været en indre splid som slog revne i folket fra øverst til nederst,
vilde den have sat sig andre spor end en håndfuld paragraffer, der tydeligt
nok tager sigte på undtagelser. Både af lovene og af historien lærer vi at det
ikke, som ofte nok i Syden, var prælaterne, men folket selv som skabte regler
for hvad der var kristent og hvad der var hedensk.

Lige så få og små er tegnene på sjælekamp i de nysomvendte. I hele den store
literatur som skød op efter religionsskiftet, står der en eneste mand, som
følte sig drevet til at sige: ånden er redebon, men sindet er skrøbeligt. Man-
den hed Halfred med tilnavnet Vanrådeskjald, og hvad dette nu end nøjagtigt
betyder, angiver det at han havde vanskeligt ved at finde sig til rette i tilvæ-
relsen, hvad hans historie noksom bekræfter. Han synger vemodigt om den
tid da det gik an at dyrke Hlidskjalfs herre, og sukker over at livet nu har fået
andre mål: »Odin til glæde har folk digtet i hele verden, skønne lød vore
gamle frænders kvad; ugerne lægger jeg Odin for had, ti under ham levede
jeg med lyst, men nu tjener vi jo Krist.« Men en nidkær kristen konge som
Olav havde et skarpt øre for hvad hans skjalde sang, og Halfred måtte frem
med et klart vidnesbyrd: »Jeg har fornægtet Odins navn. Lad så Freyr og
Freyja være mig gramme, til utyskerne med Odin og Tor den stærke; Krists
miskund og Guds alene vil jeg have, hans vrede kan jeg ikke bære; ti han har
af sin fader fået al magt på jord.«

Halfred døde på havet undervejs hjem til Island, og det billede sagaen giver
af hans sidste stunder, har en gammeldags, storslået vælde; men det er tillige
karakteristisk for hans stilling midt imellem det nye og det gamle. Da han lå

hjælpeløs i bagstavnen, så han en mægtig kvinde komme skridende hen over havet; ved at se nærmere til opdagede han at det var hans fylgje, og han råbte ud over rælingen: »Nu siger jeg mig for bestandig løs fra dig.« Hun spurgte hans broder om han vilde tage imod hende, og da han svarede nej, vendte hun sig til Halfreds unge søn. »Ja, jeg vil tage imod dig,« sagde han. Da Halfred hørte det, sagde han: »Så vil jeg give dig mit sværd, det som jeg har fået af kongen; mine andre ejendele skal lægges i min kiste, hvis jeg dør her om bord.«

Halfred er en interessant skikkelse for en tid da sjælesplidens søde kval er på mode, og måske skader det ham ikke i vor tids agtelse, at han er undtagelsen. Men man bliver ikke stor ved at stå alene, når ensomheden ikke skriver sig fra at man har oplevet mere end de andre. Ulykken for Halfred var at han ikke helt kunde virkeliggøre det som alle andre kunde, og derfor er der ingen fremtid i ham. Han står også ene i samtiden ved sin angst for døden. »Nu bød jeg døden ret velkommen, blot jeg vidste min sjæl bjærget. Klynke gjorde jeg aldrig — dø skal vi jo alle — men Helvede, Helvede! Gud råde for hvor min vej bærer hen.« Det er karakteristisk for ham, at hans Gud egentlig hed Olav Tryggvason; det var kongens mægtige personlighed som blev bestemmende for hans skæbne, og man siger ikke for meget, når man siger at Halfred var kristen for kongens skyld.

Han var en undtagelse i den målbevidste menneskehed omkring ham. I den var der foregået ikke blot en sindsændring, men en sjæleforvandling ved dåben. Den gamle natur med sine kræfter forsvandt helt. Sådanne gaver som hams ramhed var ejendommelige for sjælelivet hos disernes påkaldere; de kunde være besværlige, men besværligheder var nu en gang forbundet med al udpræget styrke. Hamram betød egentlig sjælskraftig. Med det ord betegnes først og fremmest mænd som var i besiddelse af vældige kræfter og af styrkens voldsomhed. Men sjælsstyrke var mere end arms kraft. Den indbefattede ævnen til at virke ud over legemets hverdagslige mål, til at antage andre skikkelser end den medfødte — f. ex. gå ud og kæmpe som bjørn eller vildbasse. En hamram mand var ikke så afhængig af tid og sted som svagere mennesker; en mand som man den ene dag kunde se passe sin dont på Nordisland og dagen efter personlig gribe ind i stridigheder på øens sydlige del, var meget hamram. I dåben forsvandt disse ejendommeligheder sporløst, så sporløst, at hamramhed inden for kristenheden betragtedes som en uhyggelig sygdom.

Sjæleforvandlingen gav sig også udslag i at de omvendte indtog en afvisende holdning overfor alle som stod uden for kristendommen. Man kunde ikke sidde om bordet sammen med andre end dem der vilde dele så vel åndelig som legemlig velsignelse med værten; ti i maden virkede den kraft der holdt husets herlighed ved lige. Den drik som havde været hedningerne til styrke, blev gift i kristdyrkernes mund, og derfor nægtede disse at røre ved bægere som var indviede til de gamle guder. Under den gamle sæd havde man udelukket alle fremmede og anderledessindede fra ofret, fordi deres tilstedeværelse måtte skade det. Når nu forholdet vendtes om, og den døbte stængte hus og hjem for folk af sin tidligere tro, da betød det en livsfornyelse til marv og ben.

Skal man give nutiden et indtryk af kristendommens magt over sindene, kan man vel ikke gøre det bedre end ved at gengive historien om Torgils' opgør med Tor. Da Torgils havde antaget kristendommen, fik han gang på gang besøg om natten; først kom Tor og bebrejdede bonden den vanære han havde vist de gamle hellige kostbarheder, derpå kom han og truede sin frafaldne ven med at han vilde gøre skade på kvæget, og til sidst undsagde han ham på livet. Alt imens styrtede et svin og en okse — ja da Torgils selv prøvede at våge over sine kreaturer, kom han sort og blå hjem. Men Torgils' svar var stedse det samme: priset være den stund vi to løste vort samkvem, Gud vil se til min sag! Da Torgils besluttede sig til at flytte med hus og hjem til Grønland, forfulgte Tor ham ud på havet og besøgte ham nat efter nat med trusler om skibbrud og alt muligt ondt, men intet kunde rokke hans troskab mod Krist. Guden sørgede for at Torgils kom til at ligge uden bør og drive måneder igennem, så at det blev småt med både mad og drikke om bord. I drømme blev han mindet om at han på skibet havde en ko der engang var blevet viet til Tor, og da han vågnede, lod han resolut dyret kaste i havet trods madnød og besætningens knurren. Således slap han endelig i land, selv om det ganske rigtigt kostede ham skuden; men hans trængsler endte ikke på længe; gennem årelang nød og sult, sygdom, hvor han mistede hustru og søn og mange af sine venner, forræderi fra trællene og farer af allehånde både naturlig og overnaturlig art måtte han kæmpe sig tilbage til sin islandske hjemstavn.

Grunden til at Torgils fik så megen lejlighed til at vise sin standhaftighed, var vel ikke mindst den at han var bærer af en stor og mægtig ætlykke og derfor havde kamp med store og hårde guder; men til sidst vandt han sejr over det utyske som den gamle gud var blevet, da han mistede samfundet med menneskene. Og han fandt også lykken og en særlig velsignelse, som viste sig i at Biskop Thorlak den Hellige blev født i hans æt.

Den nye religions karakter

Ved omvendelsen gav Nordboerne sig helt over til den nye gud, men religionsskiftet gjorde dem ikke til Romere eller Engelskmænd. De førte deres årvågenhed og virketrang med over i kristendommen. Erfaringen havde fra gammel tid af indskærpet dem at tilværelsen stillede alvorlige krav til menneskers ansvarsfølelse og påpasselighed, og de vovede ikke at slå af på de punkter hvor det gjaldt liv og død. Først og fremmest måtte mennesker være på post mod døden og den glemsel som var værre end legemlig hedengang. Her meldte kirken sig som en pålidelig hjælper, der kunde påtage sig ansvaret for tid og evighed. Den kunde ved sin messe og sine nådemidler sikre sjælen mod djævelens anløb, og den havde hjælpere hinsides, som kunde følge sjælen gennem alle porte til saligheden. Men Nordboen var vant til selv at følge sine døde på vej og se dem vel over farens tærskel, for ham var det en egen sag at give ansvaret fra sig og blindt stole på andres gode vilje. Endelig var den evighed som kirken garanterede, god nok i sig selv, men helt dækkede den ikke alle de behov han følte i sig. At finde saligheden i himlen var visselig en stor og attråværdig lykke, men hans udødelighed bestod ikke mindst i at huskes på jorden og leve i sine nærmeste. Så gjorde han villigt hvad ret var, gav gerne hvad kirken forlangte, for at dens velsignelse kunde lyde fuldtonigt efter ham ind gennem døden, selv om det aldrig var billigt at blive salig på kristelig vis; men han måtte også selv gøre sin del. Frænderne vidste hvad det vilde sige for en stakkels dødning, der følte at der blev koldt omkring ham i verden, når der ikke længer strømmede varme mennesketanker gennem ham; da var der ikke megen glæde ved selskabet med helgener og hellige mænd. De holdt da den hedengangnes gravøl og hans minnefester. Dermed gjorde de vel mod den døde, men det var ikke alene hans velfærd det drejede sig om, ti frænde her var og blev frænde hisset, og hvad en af ætten led, det led alle. Den enes liv kunde ikke forringes, uden at hele frændekredsen blev svagere.

Når hedningerne havde fejret gravøl, da var det ikke som en vemodig amindelse af en kær ven, men som en vældig styrkefest, der stæmmede for dødens angreb og øste nye kræfter fra gudernes kilde. Derfor hed det at man skulde fejre gravøl med kraft. Deres kristne efterkommere fortsatte på samme måde, ganske simpelt fordi de ikke havde mindre tro til deres gud. Kirken, det vil sige den højere gejstlighed, der åndeligt levede mere i Rom, havde sine betænkeligheder ved denne usømmelige glæde over den dødes båre; den udsendte formaninger til sine tjenere om at indtage en lidt reserveret holdning. På engelsk lyder et hyrdebrev sådan: »Du præst, husk dit kald; når du bydes til gravøl, så deltag ikke i disse usømmelige latterskrål, istem ikke jubelskriget over den døde.« Men selve formaningen til præsten om at lægge en dæmper på begejstringen, viser at kirken ikke kunde tænke sig livet uden gravøl, og i Norge havde da også præsten til embedspligt at møde op og give sin gejstlige velsignelse. Kirken kunde ønske at man vilde bruge navnet sjæleøl, der lød mere kristeligt end arveøl, men ud over dette beskedne ønske gik dens reformbestræbelser ikke.

I byerne ser vi borgerne danne lag til erstatning for slægtssammenholdet, da det sprængtes ved at handel og håndværk spandt sine tråde på kryds og tværs mellem mennesker. Gilderne varetog medlemmernes vel for dommer og konge, for præst og Gud; i dem havde de døde brødre og søstre deres plads, lige så fuldt som frænderne havde haft om arnen i fortidens blothaller. Man sørgede for at de fik kirkens velsignelse — man begik dem med messe og offer — men man glemte heller ikke at oplæse deres navne ved gildedrikken og at hædre dem med ihukommelse i minnebægrene.

Så længe den gamle slægtsfølelse stod i sin gamle kraft, var frændernes ihukommelse af den døde en selvfølgelig sag, og den døende lukkede tillidsfuldt sine øjne, når han havde set at kredsen samledes fuldtalligt omkring ham. Med tiden kom der vaklen i sammenholdet, særlig i byerne, hvor den enkelte let kunde blive henvist til at sørge for sig selv i liv og død, og da traf manden selv sine forberedelser på det sidste. Han testamenterede en sum penge til øl, for at sognet kunde komme sammen en gang om året og drikke tønden tom til hans minde. Således overlevede den gamle dødsfrygt sine egne forudsætninger.

Den omsorg som guderne havde vist deres venner under deres daglige dont, den overtog kirken nu; den kunde velsigne ager og plov og fiskerbåd og våben. Men også under døgnets slid var der ting at foretage som bonden helst beholdt i sin egen hånd. De gamle folkefester blev bevaret, delvis helt ned til vor tid, med deres virken for godt år og frugtbarhed i Jesu navn. Når der skulde grundes et nyt hjem og mand og kvinde forenes for at sikre slægtens fremtid ved sønner og døtre, da var præsten en selvskreven gæst ved brylluppet; men det egentlige foretog folket selv ved hjælp af øl og gammeldags lykkebringende ceremonier. Kirkens tjener havde den underordnede opgave at lægge sin velsignelse til det bønderne gjorde.

Nu som før holdt man en styrke- og beredelsesfest foran alle større begivenheder, og det er betegnende, at alle disse fester blev ved at bære navnet øl: barnsøl, brudeøl, flytteøl, udfærdsøl. I gamle dage havde krigerne holdt gilde før vikingetoget, hvor de styrkede sig i deres gud ved bægeret og drak hans kraft i den hellige drik, og virkningen viste sig på at mændenes mod voksede og våbnene blev skarpe og sejrrige. Til et sådant gilde hørte der manddomsløfter, i dem tog fremtiden skikkelse; da guderne lagde deres kraft i disse løfter, var de på een gang et udbrud af fællernes begejstring og en profeti om det kommende. Ølord bliver altid virkelige, som det hedder i et gammelt ord, og derfor kunde de få glæden til at stige i hallen. Denne jubel ved at føle kræfterne svulme i årerne svandt ikke bort, fordi guderne skiftede; Krist og hans helgener kunde lige så godt som de gamle magter inspirere manden, så at han fornam sin styrke. Sagamændene fortæller, at Svend Tveskægs store planer om at erobre England blev modnede ved det gravøl han holdt over sin fader; det var ved samme lejlighed at Jomsvikingerne aflagde det store løfte om at drage til Norge og fordrive Hakon Jarl, et løfte som guderne ikke gjorde virkeligt, ti det blev jarlen som sejrede i Hjørungvåg. Kong Svend lovede ved sin faders minnebæger, at han inden tre år var gået, skulde dræbe Kong Adelred eller jage ham af landet, og det løfte blev sandt. På det gilde blev drukket Krists og St. Mikaels minne, siger sagamanden, og det er ganske ligegyldigt, om fortællingen er historisk eller ikke; det afgørende er at den kunde være sand, at den ikke på noget punkt går ud over hvad der var muligt. Man behøvede ikke at være konge eller viking for at kende de følelser der rørte sig i Svend og Jomsvikingerne; alle havde været med til at drikke Guds eller helgeners skål til fremme for sig selv og brødrene, alle kunde sige med de ord som i dramaet om Knud Lavard lægges ham i munden: »Vi drikker nu først St. Gertruds minne, så bliver vi glade.«

Religionen i Norden er hidtil blevet skildret som et stykke kirkehistorie, og fra kirkehistorisk synspunkt set er disse bønder ret blakkede kristne; deres religiøse liv opfattes som en kærne rigtig kristendom omgivet af megen overtro og tolereret skik. Men kirkehistorien, som behandler nogle tankers og dogmers skæbne ned igennem tiden, er noget andet end folkets religiøse historie. Religion er liv helt igennem, og det er den pure vilkårlighed at ville drage en grænse mellem egentligt og uegentligt, mellem sand kristendom og vedhængende rester af hedenskab. Nordboernes kristendom var en helhed lige fra gudstjenesten ved alteret og valfarten til helgenstederne til de skikke og ceremonier der brugtes til at velsigne hus og mark, fiskerbåd og vikingeskib og handelsskude. Alt uden undtagelse tjente det store mål at gøre menneskelivet til et hele, hvor dag kædedes til dag i fast sammenhæng med evigheden; religionen var den sol der skinnede lige så godt over pløjning og høst som over kirkehuset. Den var både messe og minnedrik, gravøl og fæstensøl, helgenstævne og hestevæddeløb; i den indgik gamle og nye sædvaner en organisk forening. Når gildebrødrene holdt deres fester, gik de samlede til kirken og hørte messe først; derefter begav de sig til gildehuset og fejrede deres guders minne med kraft. For den norske konge og hans hird blev der sunget messe af bispen, og når gudstjenesten var endt, begav hirdmændene sig til deres vante pladser i kongshallen for at drikke Krists og Marias minne. Det faldt ingen ind at han kunde gøre sin skyldighed *enten* i kirken *eller* i gildehallen; han havde, hvis han var gildebroder, bekræftet sin kristendom ved at sværge på love der indskærpede ham, at det var hans pligt både at møde til messe og at drikke sin del af øllet, og satte lige bøde for forsømmelse i begge stykker. Der var ikke to sammenkædede religioner, lige så lidt som der kunde være tale om to Krister; for ham stod det som en selvfølge, at delagtighed i Krists minnebæger forudsatte at han ved dåben var indlemmet i menigheden og fyldt med det sande liv, ligesom den også forudsatte messen, der fornyede et kristenmenneskes salighedsforvisning. En broder overholdt med flid de dage som holdtes hellige til ære for Gud og hans hellige mænd; da lagde han sit arbejde ned, ti ved festerne var guden til stede og indgød dagen en kraft som ingen kristen kunde undvære. I festen skulde ikke blot sindet, men sjæl og legeme beredes, så at de lagde velsignelse op til hverdagene. Han låste også pligtskyldigst sit sulefad inde i madskabet, når fastedagen kom med sit krav på at maven også skulde opdrages til religion; han gjorde det, skønt denne side af gudernes væsen var ham den uforståeligste og unyttigste. Skal der endelig være tale om tolereret skik, om noget der hang løst uden på religionen, må det gælde fasten; Nordboen lærte aldrig at fornemme andre kristelige virkninger af den end en god appetit.

Hvad kan disse mennesker for, at vi nu finder to sfærer i deres religion? Skellet ligger inden i os selv, oplærte som vi er, i en kultur og en religion, der har slået livet i stykker, delt det ud i en åndelig side, hvor det står mennesker frit for at søge Gud og hans rige, og en verdslig side, som blot er håndværk. I hine tider hang hele livet sammen i en stor harmoni, sådan som det er udtrykt i den gamle festformel, skabt under de gamle guder og tillæmpet for de nye: »til år og fred, til al lykke her og til evig indgang i himmeriges salighed hisset.« At optages i denne harmoni og blive delagtig i dens mangfoldigt forgrenede velsignelse, betød at få liv; hvis det lille barn døde, før det blev døbt til livet, var det ikke et menneske, men lagdes i uviet jord. Det var kendetegnet på mennesket, at denne harmoni med sin »lykke« prægede ham helt igennem, i det ydre så vel som i det indre; var en moder så usalig at føde et barn til verden, der på forhånd var mærket som dæmon ved at have ansigtet der hvor nakken skulde være, eller ved at have hundehoved og sæls luffer, da blev det ikke døbt til livet, men lagdes ned uden for verden i hedensk jord. Under den gamle sæd var det ikke drab at udsætte spædbørn straks efter fødselen, fordi de ikke havde fået virkeligt liv — ættens lykke — i sig, før de rituelt var blevet optaget i frændernes kreds. Nu blev det netop en gruelig synd at dræbe den lille, inden den havde modtaget dåben, da en sådan sjæl for evig var udelukket fra en kristen, det vil sige menneskelig, tilværelse. Tidligere kunde man sætte misdædere uden for menneskeheden ved at berøve dem samfundet med deres fæller og fordrive dem fra ager og eng ud i den vildene skov, hvor ulvene husede; nu tog man livet fra forhærdede syndere ved at forvise dem fra kristne riger til de lande hvor hedenske mænd boede.

I denne kristne harmoni blev livet løftet op til en menneskeværdig existens med selvtugt og selvbeherskelse — til ære og lykke. Til ret kristendom hørte også at man ikke lod sig fornedre ved en uretfærdig krænkelse, men førte sin sag igennem til hævn, om man ikke kunde få oprejsning på anden måde. Krist vågede lige så godt som de gamle guder over sine venners ære og deres ejendele, og i hans navn og kraft holdt samfundet retterting, hvor alle de sager mennesker ikke foretrak at afgøre på egen hånd, fandt endelig løsning. Det højeste kirken kunde forlange — og forsøge på at gennemføre lidt efter lidt — var at hævn og selvtægt skulde stå i anden række som en nødhjælp; man burde først prøve at skaffe sig ret ved henvendelse til tinget, men lykkedes det ikke at sikre en mand oprejsning ad juridisk vej, måtte det stå ham frit for at sørge for ærens krav på den måde han fandt bedst.

På fremmeste plads i gildebrødrenes love står forpligtelsen til at støtte broder i nød, når udenforstående tilføjede ham en krænkelse, ja også støtte ham når han ved egen skyld var kommet i ulejlighed overfor ikke-broder. Alle mand skulde i våben følge deres betrængte fælle, når han stævnedes for retten og, hvis det værste skulde ske, hjælpe ham bort af landet med en båd og et øsekar; og denne brødrenes redebonne vilje til at støtte og styrke deres fælle var lige så fast forankret i deres tillid til Gud og helgener og deres kristenpligt som deres forpligtelse til at løse broder ud af hedensk fangenskab og hjælpe ham på benene efter ildsvåde.

Gildelovenes vidnesbyrd om kristenlivet kan udfyldes med en håndfuld paragraffer fra de norske love. Til et kristenmenneskes pligter hørte at fejre de store ølfester til Krists og Marias ære, at holde søndage og messedage og at faste om fredagen, at lade børn døbe og at sky omgang med hedninger, at nøjes med een hustru og ikke søge hende blandt frænker. Den som forbrød sig mod disse bud, måtte gå til skrifte og gøre bod, om han ikke vilde fortabe sin sjæl. I hellig jord skulde alle lægges til hvile undtagen udådsmænd, landsforrædere, mordere — til forskel fra drabsmænd — ordbrydere og tyve og selvmordere; således bestod stadig den gamle grænse mellem folk og nidinger, kristne mennesker og dæmoner.

Om man nu skal kalde denne harmoni for kristendom eller katolicisme eller noget andet, er et spørgsmål der altid kan finde sin afgørelse eller uden skade kan stå uafgjort hen. Det ene fornødne er at se den som religion, som en original, livskraftig form for gudstro og gudsliv. Det man med pietistisk selvgodhed kalder ukristeligt i vore fædres fromhed, kan ikke simpelt hen skydes til side som svagheder man må bære over med hos et barbarisk folk; intet kan pilles fra, uden at væven sønderrives fra øverst til nederst. Hvert lille træk bærer helhedens præg. Kristdyrkere signede deres bæger på fædrene vis og frembar det med et ceremoniel der kom fuldt udformet til dem fra urtiden; det vilde være meningsløst, om man sagde at minnedrikningen blot er et stykke forklædt hedenskab, ti den er blevet væsensforskellig fra de gamle blot ved at have fået et nyt indhold og et nyt mål, lige så forskellig fra ofret i blothallen som Krist, verdens skaber og djævelens overvinder, er væsensforskellig fra Odin som overlistede jætten og førte drikken op fra underverdenen. Drikken har sin betydning ved at virke sammen med messe og dåb og den sidste olie i en ny harmoni.

Men bevarede nu folket alligevel ikke særheder, der egentlig stred mod den nye sæd? Vi hører jo at kirken stedse havde sin hyre med det vankundige folk og stedse måtte luge ukrudt i Guds vingård. Det er imidlertid ikke noget ukendt at de skriftkloge, i dette tilfælde en gejstlighed som var opdraget af bøger fra en fremmed kultur, mangler blik for en religiøsitet som har rødder i en hjemlig erfaring. Præsten kunde prædike mod overtro, og menigmand blev trøstig ved med sit, og grunden er ikke den at samme menigmand er en hård hals og en stædig krabat, men simpelt hen at almuen kun gør hvad der er selvfølgeligt, ja nødvendigt, og i al uskyldighed mener at den på bedste vis opfylder Guds bud. Undertiden gik menigmand vel nok vild. Der var, som lovene viser, en fare for at folket på urette måde satte sin lid til høj og hørg, fordi fædrene fra gammel tid havde hentet velsignelse derude; men faren kom vel ikke mindst af at der virkelig var kristenguder i mange af de hellige steder. Der kunde blive tale om forveksling, folk har villet dyrke Gud hvor han slet ikke var; men sandsynligheden er for at folket i mange tilfælde vidste bedre end bispen, om der var magter i højen, og med fuld ret holdt fast ved det sted hvor en velsignelse havde gjort sig bemærket. Historien er fuld af exempler på at kirken efter mange og lange tiders forbandelser har givet menigmand æren og anerkendt hans opdagelser af helgener og helligsteder.

I løbet af middelalderen måtte religionen langsomt forskyde sig på visse punkter, fordi samfundet og kulturen sagtelig undergik forandringer. På landet, især i mere afsides egne, holdt den gamle slægtsfølelse sig usvækket langt ned mod nutiden, medens man i byerne og i egne med livlig forbindelse med omverdenen vænnede sig til andre sociale former og fandt tryghed i samfundsinstitutioner af mere moderne art. Dermed omskiftedes også de religiøse forudsætninger, når for eksempel for den som var ensom i verden, udødelighed i eftermælet blev meningsløs og erstattedes af salighed ved Guds nåde. Den enkelte hentede sin velsignelse fra kirken i småportioner til eget privatforbrug. Alt sligt er først og fremmest kulturelle forskydninger, de foregår ikke mod religionen, men inden i den og sammen med den.

Under kristendommen i Norden var der fra første færd af vigende grund, fordi dens sejr faldt sammen med indbrud af en fremmed kultur, der langsomt men sikkert omformede alle økonomiske og sociale forhold. Den viste sin styrke i at den sluttede fast om folkets behov, den viste sin livskraft i at den uden noget brud omskiftedes sammen med folkelivet, lige til omdannelsen inden for Europas kultur nåede et krisepunkt, så at kulturen i renæssance og reformation skred sammen og måtte bygges op på nyt grundlag.

De nye guder

Lige så egenartet som den nye sæd er dens gudeverden. Den højeste gud er Krist — Gud Fader træder ganske i baggrunden som en skyggefigur, der i begyndelsen slet ikke gør sig bemærket — han har skabt verden, han har med kraft opholdt den i nød. Han er en mægtig herre, der som de gamle guder havde et bevæget liv bag sig, fyldt med store bedrifter. Han var vel en lidende Gud, men nok så meget en stridende og frem for alt en sejrende Gud.

Ved hans side står en række andre guder, engle som St. Mikael, der gjorde et stærkt indtryk på de første omvendte, og helgener både af hjemlig og fremmed herkomst. Siduhall blev vundet ved beretningerne om Mikael, om hans magt og miskundhed. »Tør du indestå mig for at han vil følge mig, når jeg tager ved den nye tro,« spurgte han med tanken på det gode følgeskab han skulde opgive ved en sådan sindsforandring. Da missionæren ikke havde nogen tvivl på det punkt, blev Mikael »følgeengel« på Halls gård.

Blandt alle de guddommelige skikkelser der flokkes om Krist, blev Olav en af de vigtigste, ja for Norge blev han hovedguden, så sandt som han var den mest nærværende. Det er til ham vi skal søge, når vi vil se en guddom ikke blot lægge sin magt for dagen, men også åbenbare noget af sit væsen. Først kommer han os i møde som legendernes Olav, der lægede syge, friede fanger, dæmpede ildsvåde og bragte skjult brøde frem i lyset. Der går en strøm af lægedom gennem Norge, lige fra den dag hans nys udgydte blod åbnede en blinds øjne på selve slagmarken, og fik Tore Hunds Stiklestadsår til at læges. Hans skrin stod midt i en altid vekslende skare af halte og blinde og krøblinge. Lærde mænd havde kunnet fortælle mange exempler fra Frankrig og Italien på sådanne undere som disse, at en ildsvåde efter at have fortæret den halve by stansede med et ryk foran de salige rester af en helgen, at fire stærke mænd pludselig var blevet naglet til stedet, mens de bar en hellig mands ben gennem staden, og ikke orkede et skridt videre, før man havde gravet ned til den lønmyrdede stakkel der lå i uviet jord og ventede på retfærdighed. Disse og mange andre vidnesbyrd om Guds kraft kunde man nu jævnlig opleve i Trondhjem. Der er andre træk i Olavs guddomsnatur, som nærmer sig mere til det hjemlige præg uden dog at afvige fra andre steders erfaringer. Han var en frelser for de ulykkelige der faldt i hedensk fangenskab. Det hændte en mand der allerede to gange var blevet løskøbt af sine frænder, at han tredie gang faldt i hænderne på de vantro. Han prøvede på egen hånd at undfly, men forsøget bragte ham blot sult og lænker. Da faldt det ham ind at love sig til Olav, og næste nat stod helgenen hos ham. Han løste fangens bånd, slog slåen fra, fulgte ham ud i friheden og slap ham ikke før han havde set ham vel gemt i et skjul ude i skoven, og til yderligere sikkerhed forblindede han hedningernes øjne, så at de med deres hunde løb i kreds om skjulestedet uden at nå ind til det. Endnu højere strålede han som den mægtige hjælper i slaget og som den retfærdige dommer over ret og uret. De norske krigere så ham på Lyrskovhede i strålende rustning føre sin frænde Magnus Gode til sejr over Venderne, og de mærkede hans nærværelse mange andre steder. Væringerne i Miklagård påkaldte ham som sejrgiver, en konge som Sverre henskød i afgørende øjeblikke sin sag til Gud og Hellig Olav. En yngling der så sig bedraget for sin fædrenearv, påkaldte Olav og iførte sig hans kraft, førend han gik til opgør med sine avindsmænd. Olavs nærværelse eller, som man med det gamle ord vilde sige, hans lykke var ikke blot til stede i skrinet med silkesvøbet, den sad også i hans gamle sværd, Hneitir, som efter mange omskiftelser åbenbarede sin kraft for væringerne og fik sin plads på Olavsalteret i Konstantinopel. Intet af de gamle guders velsignelse var gået tabt i den hellige konge. Han var god at påkalde for søfareren, der lå vejrfast dag efter dag; vinden blev til bør, så snart han havde givet sin sag til Olav. Og så klinger til sidst den gamle fortrøstning igennem lovprisningskvadet over Olav, »som skaffer alle mænd år og fred fra Gud.«

Jo nærmere vi kommer ham, des mere føler vi en myndighed af helt anden art end den der udstråler fra gennemsnitshelgenen. Hans fødsel til guddom er underfuld set med fremmede øjne, men naturlig for den som forstår Nordboens følelse for deres konge og hans guddomme. Så længe han levede, var han et modsigelsens tegn i Norge. På dem der kom til at stå ham nær, virkede han med en umiddelbart dragende magt, de der blev hans mænd, var bundne til ham i liv og død. Men for de gamle storbondeslægter betød han en fare, fordi han repræsenterede et kongedømme af enevældig art, der stred mod al nedarvet selvstændighedsfølelse og betød undergang for det gamle høvdingevælde. Bøndernes uvilje mod nye vaner førte til en større rejsning, og historien fik en foreløbig afslutning ved Stiklestad med kongens fald. Bønderne stod som ubestridte sejrherrer, men ifølge beretningerne begyndte der få dage efter kampen at risle en bølge af ærefrygt, blandet med angst, gennem Norge, og dens udgangspunkt var den kiste som gemte Olavs lig. Det er martyrens hellighed som virkede, vil man gerne sige, og man underforstår, at bag den opbrusende bevægelse stod en kirke der aldrig sov over sig, når den gode Gud satte vandene i bevægelse. Men det er et tidens tegn, at begivenhederne synes at virke stærkest på de hårde gemytter. Hvorfor satte netop denne begivenhed sindene i en sådan rystelse, at de blev forsvarsløse mod en eventuel indflydelse fra kristen eller kirkelig side?

Der var noget i denne Olav, som virkede langt stærkere på norske sind end alle kirkens forbandelser og trusler. Der var i ham en æts lykke, Harald Hårfagres guddommelige kraft. I den nordiske konge sad der en egen vælde, som beroede på at han havde en sjæl både stærkere og rigere i sin art end almuesmandens. Hans lykke var højere, det vil sige at han kunde mere end en jævn bonde, og at han havde større ansvar. Han bar i sig både frugtbarhed og sejr, tapperhed og visdom lige så vel som magt og ære. Jo større hans

virkekreds var og jo ædlere og mere mangfoldig den slægtsarv der var op-
hobet i ham fra stærke forfædre, jo flere bedrifter og begivenheder der så at
sige var nedlagt i ham gennem byrden, des vældigere og mere egenartet blev
hans sjæl. Der var lykke ved kongens venskab, han kunde sende sine kræfter
— sin hamingja — med mændene til hjælp på deres ensomme veje, når de
gik hans ærinder; han kunde også i personlig myndighed gribe ind fjærnt fra
det sted hvor hans legeme befandt sig. Olaverne kom aldrig uden for den
tryllekreds, at de repræsenterede storkongeættens lykke i dens mest strå-
lende skikkelse. Deres mænd oplevede ofte kongens hamingja i nøden. En
sådan kongsmand var Tormod Kolbrunarskjald, og historien om hans ople-
velser under det farlige hævntog til Grønland er een hymne til Olavs pris.
Mere end een gang blev han så hårdt trængt af farer og vanskeligheder, at
han ikke så anden udvej end at vende sin tanke til kongen og håbe på frelse
gennem hans lykke; og hans håb slog aldrig fejl; snart kom der usynlige hæn-
der og slog øksen ud af hænderne på hans modstander, snart åbenbarede
Olav sig i drømme for velvillige mennesker og sendte dem ud for at hjælpe
hans tro hirdmand, når han var ved at omkomme af sår og sult. Og der var
mange andre end Tormod som havde følt hans nærværelse i nødens stun-
der; han lagde sin styrke i deres legeme netop i det øjeblik da deres egne
kræfter var på hældningen, så at de rejste sig i pludseligt ungdomsmod.

I dette ord: kongens hamingja, som bruges om den levende fyrstes magt, ligger
en bestemmelse der adskiller hine menneskers tillid til den store lykkemand
fra nutidens lidt blodløse ærbødighed for geniet. Man tilbad ikke kongen som
den store personlighed, man troede på ham og stolede på ham som bærer af
en slægtsvilje og en slægtslykke. Gennem ham så man ind i et liv der rakte
langt op i fortiden og langt ud i fremtiden. Det han var og gjorde, kunde ikke
skilles fra den livskraft eller guddom der gemtes i hans æts helligdom og fødte
mænd ud af sig slægt efter slægt. Bag repræsentanten for slægtslykken kendte
man store guder, som virkede uden for tiden; »store fylgjer går foran dig,« si-
ges der i kristen tid om en Olav, og det betød for folket mere end en udvortes
ledsagelse. Når derfor Olav trods alt blev den stærkeste, er det kongsstor-

heden, kongens genius, ja når alt kommer til alt, kongsguddommen der sejrer i ham. Vi har svært ved at karakterisere bondens ærefrygt for Hellig Olav i moderne ord, fordi vi ud fra vore forudsætninger må udstykke det som for ham var et hele, varmt og rigt af minder der gik langt bag om den enkeltes erfaring. Derfor kommer der en ejendommelig dybde i folks hengivenhed, når de bøjer sig for helgenen og lover ham gaver og lydighed.

Således gik det til, at Olav kunde fødes til guddom på Stiklestads slagmark ved sammenstød mellem nye tanker og gamle følelser. Ti af det som nu er sagt, fremgår jo at Olav netop ikke blev en kristen gentagelse af hedenske guder — i den gamle sæd blev et menneske aldrig gud på den måde; for at kongens hamingja kunde skabe en gud, måtte der fremmede helgen- og martyrforestillinger til. Forudsætningen for Olav Helliges magt over sindene er da netop at søge i den nye harmoni, hvor gamle, stærke følelser formæles med nye lige så stærke tanker og stemninger. Det kan da i dybeste forstand have sin rigtighed, at der var kirkekløgt og politik med i spillet, da han rejstes op og blev Norges storhelgen; men ordene bliver ikke helt rigtige i vor mund, da politik for os er noget der sidder i hovedet, medens den i gamle dage havde sit sæde i hjærtet eller i hvert fald fik sin kraft fra hjærtet. Han blev personifikationen af Norges kristne lykke, og i ham hævdede folket sin selvstændighed overfor de fremmedes voldsherredømme. Den erkendelse at Norges vel var bundet til storkongens sjæl på samme måde som i gamle dage herredet og bygden havde været knyttet til høvdingens lykke, den brød igennem ved oplevelserne efter Stiklestadslaget, og dermed var bygdefyrsternes tid forbi. Men dermed var også Norge kristnet for stedse. De nye guder sejrede i ham, ti i martyrkongen smeltede folkets hamingja sammen med dets kristtro. Da Hakon Adelstensfostre kom hjem fra England og for første gang bragte kristendom til landet, var der ingen sammenhæng mellem kongens hamingja og hans nye lære. Hans tro kunde folk lade være hvad den var, en særhed, selv om de ikke led den, når blot han overholdt ritualet. Da han døde, blev han lagt i hedensk gravhøj og viet til de gamle guder. I Olav foregik sammensmeltningen, og ved opgøret mellem ham og bønderne skabtes den gudeskikkelse som foran er opbygget træk for træk af legender og historier. Hans lig blev den trondhjemske domkirkes sjæl.

De gamle aser og diser var ikke blot guder, personlige skikkelser, men også guddomme, der kunde gøre sig bemærkede i steder og i ting på samme måde som Jahve, der åbenbarede sig ved visse lejligheder, men ellers hvilede som kraft i sin ark og sit telt. Højen hvor guderne boede, var gennemtrængt af deres lykke, slægtens våben indeholdt dem som styrke og sejr, og menneskene følte deres velsignelse stærkest, når den fyldte deres legeme og sjæl med en slags inspiration. Den gamle trang til at mærke guderne kunde folket ikke opgive, og på det punkt havde den romerske helgenreligion ingen vanskelighed ved at stille religiøse længsler. I Syden var man næsten perverst følsom; alle fornam mange gange mere ved at famle på helgenen end ved at tænke på helgenen selv. Her skulde man synes at vejen var åben for en ligefrem indførelse af fremmed helgenkultus, og Nordboerne tog visselig mod helgener udefra; men de bevarede ejendommeligt nok en vis soberhed, som skyldes den gamle følelse for hvad hamingja er. Hvis vi kunde bestemme hvor langt ned i tiden folket bevarede sin religiøse egenart, vilde vi der finde forståelse for meget i vore folks udvikling, ja for en hel del i vort eget sjælsliv. Desværre bliver vi på dette punkt ladt i stikken af vort materiale, da bøgerne i middelalderen blev skrevet af præster og munke. Vi bliver let hængende i den gejstlige digtning og opbyggelighed, der ikke giver noget sandt og omfattende udtryk for folkets liv, eftersom forfatterne levede i fremmede vaner, tænkte i vedtagne formler og skrev efter en fixeret skabelon. Og vi kommer let til at overse det folk der var stumt, men i stille, ufortrødent arbejde holdt historien i gang og ved siden deraf med sit slid opholdt livet i alle præster og munke.

Der er endnu et træk i de kristne guders karakter, som sætter skel mellem den gamle og den nye sæd.

Fortidens guddomme havde haft højst forskelligt myndighedsområde. Somme hørte til på gården, andre i herredet eller »folket«, som det hed, atter andre rådede i »landet«, men alle var i deres væsen prægede af forholdet til en kreds mennesker, og deres magt nåede normalt ikke uden for den egn hvor ætten eller folket boede. Så længe disse æt- og folkekredse ikke var opløste, måtte også de nye guder træde i personligt samkvem med deres dyrkere og blive deres lagsfæller. Gildet fik sin egen gud i St. Knud eller St. Erik; på dette punkt var der ingen modsætning til forholdene sydpå, hvor skrædder og skomager, læge og soldat alle havde deres skytspatron. Men hjemfølelsen heroppe stillede sikkert endnu større krav. Bonden har næppe kunnet bære at der blev et tomt rum på hans gård ved disernes flugt fra helligstedet, og højen og træet blev atter befolket med gode vætter, lige så milde som de kvinder der red ind på Halls gård. Hvilket navn de bar, om de hed efter helgener eller efter noget andet, gjorde vel ingen stor forskel. Der er mere kristendom end man almindeligvis antager, i den lille nisse og hans kammerater; det er nok pastoren i den sorte kjole og den pibede krave, som har jaget dem ud af Guds rige, efter at protestantismen havde gjort hele jorden, med undtagelse af det allernærmeste tilliggende til prækestolen, til en gudsforladt ødemark.

Men trods al lokalpatriotisme i religiøs forstand skulde det snart mærkes, at Nordboerne var gået over fra at leve i en folketro til at få borgerskab i en verdensreligion. De nye guder var ikke bofaste på samme måde som de gamle; selv de ringeste helgener eller vætter havde deres magt fra Krist, verdens skaber og herre, og en myndighed der, når alt kom til alt, var uafhængig af de dyrkendes lykke.

Tidligere havde kultsamfundet været et lukket rige, kun tilgængeligt for de mennesker som hørte til i kredsen eller på en eller anden måde blev forbundet med dens medlemmer; så snart man kom uden for ringen, stødte man på andre guder. Nu var grænserne borte, og tankerne bevægede sig frit uden nogen indskrænkning af sted. De nye guder sad ikke hjemme i højen bestandig, de fulgte med så langt benene kunde skridte ud, til Rom og videre endnu; på hvert helligsted hvor pilgrimmen kom ind, traf han på magter som var ham velkendte hjemmefra. Den nye religion var kosmopolitisk, og for mange blev det kosmopolitiske en erfaring; der var flere Romafarere i middelalderen end i det attende århundrede.

Man forbavses somme tider over den vide udbredelse Olavsdyrkelsen fik, når man ser kirker rejse sig til hans ære ud over Sverrig og Danmark lige til Hansestæderne og de engelske byer. I fordums tid havde guder kunnet udbrede deres magt vidt omkring ved erobring eller forbund eller svogerskab mellem høvdingeslægter. I Olavsdyrkelsens vækst spiller også den slags gamle forhold ind; de gode købmænd der rejste hans alter i Lübeck, havde deres praktiske grunde til at gøre den norske helgen og de tyske Bergensfarere ret fortrolige med hinanden. Men ånden er dog blevet en anden. Nu er bønhørelsen ikke længer afhængig af at den bedende blev indlemmet som fælle i det lag der havde guden i sin midte; enhver kristen havde undersåttens ret overfor alle guder i sin verden. En nødstedt bonde i Sverrig kunde tillidsfuldt tage staven i hånd og gå med i pilgrimsskaren til Nidaros, han vilde sikkert finde helgenen beredt til at tage imod ham og høre nådigt på hans anråbelse om hjælp.

Under den gamle tingenes orden kunde verden ikke blive i dybeste forstand nogen enhed. Tanken på en gudestat kommer først frem i selve overgangstiden og sikkert under påvirkning udefra; når den kunde skabe sig så strålende et udtryk i sangene om Odin og Asgård, så er det et vidnesbyrd blandt mange om den grøde som berøringen med fremmed tanke fremkaldte i sindene. Nu blev de tilløb til et verdensdrama der havde været i Valhals- og Ragnaroksdigtningene, virkelig udført, således at forståelsen af kristenheden som et folk med een stor historie — og det en meget dramatisk historie fra verdens begyndelse til dens endnu ikke åbenbarede ende — blev levende, ikke blot i digterne og åndsaristokraterne, men i folkets hjærte. Der er kommet noget helt nyt: Krist har skabt verden, og en fortsættelse som følger deraf: Krist skal dømme verden.

Krists stilling som himlens og jordens herre havde en anden side. Han var en gud der nidkært vågede over sin enevælde og ikke vilde tåle nogen magt ved siden af sig. Han tillod ikke at folk lod hånt om de bud og forskrifter han havde givet sine mænd, og han straffede dem efter døden med hårde pinsler. Det kristne helvede var ikke så meget indrettet for at være en gengældelse over syndere som for at tjene til forvisningssted, hvor oprørere kunde føle hvad det kostede at sætte sig op mod den sande Gud; ti trods og selvtillid var i grunden syndens rod, og den kunde ingen dyd eller gode sæder opveje eller blot så meget som mildne. For at hævde sin magt måtte Krist have en hofstat af præster, der vidste rede på hvad kristendom betød, og kunde undervise menigmand i bod og faste og helligholdelse og alle disse mange ting der var nødvendige for at vise ære mod Gud. Og de tjenere var besjælede af hans ånd, så at de ikke kendte til nogen skånsel overfor hedninger og vantro, men hellere pinte folks legemer end de lod deres sjæle forkomme, og i nødsfald hellere sendte dem til helvede end tillod at de gik og besmittede Guds børns jord. Under den gamle sæd havde man undertiden dræbt krigsfanger og ugerningsmænd for gudernes øjne og viet dem eller givet dem i gudernes magt; nu ofrede man hedninger og Kristfjender ved at vie dem til helvedes ild for evig. Denne nidkærhedsånd sad så fast i kristenguden, at den straks inspirerede de enkelte der følte sig drevet til med særlig iver at virke for hans komme. Det er forbløffende at se hvor hurtigt Olaverne, der som højættede fyrster var hårde og ubøjelige, men højmodige mod deres fjender, lærte at anvende fremmede åndelige metoder som glødende jærn og hugorme mod Kristi fjender.

Denne hofstat måtte medføre at den nye religion kostede meget at holde på benene; himmerige var aldrig helt billigt at overkomme, når det skulde vindes med fuld sikkerhed. Blandt Nordboerne, hvor religion altid havde været en folkesag, var den side ved kristendommen vel den vanskeligste at få indarbejdet, og, som middelalderens historie viser, nåede folket aldrig til fuld forståelse af gejstlighedens enestående betydning. Da reformationen kom, stod der intet gny om dens undergang — den faldt, som Nordboerne i gamle dage kunde have sagt: med liden ære.

Det onde og de onde

De gamle guder var blevet forladt af deres dyrkere, men deraf fulgte egentlig ikke at de alle sammen var døde og borte. Guderne døde, det vil i gammeldags sprog sige at de gik til deres sted, der hvor alle de holdt til, der ikke havde venner i menneskenes verden og derfor blev hvad vi nu kunde kalde underlige i hovedet, amoralske.

For hedningerne var verden delt i to sfærer. Den ene var sollys, frodig, bredte sig i marker og enge. I den græssede kvæget fredeligt, i den voksede korn, til den åbnede husets døre sig. Der var menneskelykke i selve jorden og luften, i den gik alting naturligt til, ti der var mennesker og deres magter herre. Det var dagens verden. Uden om denne sfære, som oftest grumme tæt op til den, lå det uhyggesrige vi kender så godt fra Tors rejser til jættehjem — landet med de farlige veje, med de sværdfrådende strømme.

Der var intet hvad det syntes at være, alt var fyldt med øjenforblændelse, uhygge og græsselig død. I ødemarken huserede jætter og utysker, ligædere, menneskeædere, jætter på to ben med lang næse og tottet hår over hele kroppen og ulve med jættegrumhed og lumskhed. Man behøvede ikke at gå langt ud i fjældene for at komme over grænsen mellem bygd og ubygd; overalt hvor skoven stod tæt og stiløs, eller hvor sumpen lå hen dvask og giftiggrøn, kunde en jætte hvilket øjeblik som helst stikke sit skræmmefjæs op for lyset. Og fjenden kom endnu nærmere. Når natten sænkede sig ned over jorden, da blev det guddommelige og venlige ved den knuget, så at landet for en stund blev forvildet. Da turde utyskerne vove sig helt frem til menneske-boligerne, måske endda som ulvene i uår helt inden for døren, og så kunde, som den engelske Bjovulfdigter skildrer det, beboerne forsvinde for de ubudne gæsters appetit. Udgård, dæmonernes hjem, var ikke alene en verden uden for det dyrkede lands grænser, det var natten og mørket.

Med disse magter havde mennesker ligget i kamp så længe verden havde stået, og guderne hjalp troligt deres tilhængere, eller man kunde også sige: guderne havde kæmpet, og ved deres fester havde menneskene hjulpet dem vældigt med at styrke livet og lyset. Deres fælles bedrifter er forevigede i glade myter om jætteknuseren Tor. Tor, den stærke as, Midgårds vogter, nøjedes ikke med at vogte grænserne, han drog på raske togter ind i jættehjem, opsøgte utyskerne i deres rede og hamrede deres hjærneskaller småt. Men om så Tors hammer gik nat og dag, blev der altid jætter nok tilbage; så mange af dem overlevede den rødskæggede gud, at mennesker inden for den nye sæd fik rigelig anvendelse for deres årvågenhed. Når Olav for gennem landet, stødte han af og til på sådanne øgleboer, hvor jætteyngelen kom vraltende ud i afsindigt raseri, og der står endnu mangen bister karl i sten blandt Norges klipper og stirrer måbende efter det sted hvor kongen forsvandt — som et uforgængeligt minde om Olavs magt.

Til denne lovløshedens og opløsningens verden gik de fredløse som blev udstødt af menneskers samfund, og der samledes også de nidinger som døde i vanære. Jættegrumhed blev deres natur, når menneskelig ære, lykke, godhed og sandhed fik et knæk. Og her i ondskab og fredløshed endte også guderne, når de blev forladt af deres dyrkere og ikke mere smagte styrkedrikken ved gildet, når deres helligsteder blev profanerede eller røvede af andre magter. Vi har fra Island en hverdagshistorie fra omvendelsestiden, som fortæller hvorledes en gammel, god gud blev drevet fra hus og hjem. På Giljå havde bondens ættegud alle dage boet i fred i sin sten, og hverken gården eller dens indbyggere havde nogen sinde manglet noget; men en skønne dag kom bondens fromme søn, Torvald Vidførle, hjem og havde missionsbiskoppen med sig, og da var freden forbi. Omvendelsesværket tog fat i centrum, da biskoppen gik i procession om gudestedet og haglede vievand ned over dets stakkels beboere. Om natten viste guden sig for den gamle Kodran, husbonden på Giljå, og fortalte ham om disse grusomme dråber, der brændte ham; hvorfor skulde dette tilstedes mod ham, der altid havde gjort godt og aldrig ondt? Men Kodran formåede intet mod denne overvældende trosiver. Biskoppen forfulgte skånselsløst sin sejr; dag efter dag gik processionen, og vievandet regnede, nat efter nat kom vætten, stedse ynkeligere at se på, og hans sidste ord var: »Se nu selv til, ti dette kan ingen udødelig holde ud; nu må jeg gå i fredløshed.« Og nu var der en fortvivlet dæmon og menneskehader mere i verden.

Til disse lovløse dæmoner hørte nu også denne Odin, der aflagde besøg hos Olav Tryggvason og nær havde forgiftet sjælene med sine vanhellige oksebove. Det kunde også hænde at en sådan djævel stillede sig op på en klippeodde som en uskyldigt udseende yngling med et prægtigt rødt skæg, råbte forbisejlende an og bød sig til som mand ved en åre. Aldrig så snart havde man fået denne tillidvækkende karl om bord, før der blev et sådant uvæsen med drillerier og spottegloser og hedenske historier, at folk kom i slagsmål med hinanden fra for til agter. Først da fyren slog en hånlatter op og kastede sig i søen, gik det op for mandskabet, at Fanden havde været om bord, og at man allerede forlængst skulde have slået korsets tegn for sig. Gud alene havde æren for at det ikke gik galt, længe inden man opdagede at det var Tor selv, som drev gæk med brave, kristne søfolk.

De to dødsfjender, guder og jætter, smelter sammen. Overfor middelalderens fortællinger om fjendskab mellem mennesket og væsner ude i natten er det ørkesløst at spørge, om det nu er gamle jætter eller gamle guder der driver deres spil. Den nye religion sætter også sit præg på ondskabens verden og mørket.

Fra den første missionstid fortælles mange historier i Norge om en underlig skikkelse, Gudmund fra Glæsesvoldene. Han har sin gård et eller andet sted hinsides godt og ondt; hans døtre er forførende dejlige at se til og griske efter menneskers sønner. I hans rige går det til med synsforblændelse og anden djævelskab, og af og til lader han sin magt spille helt ind i Guds børns verden. En dag kom der to mænd til Olav Tryggvason som sendebud fra Gudmund med en flittig hilsen og to drikkehorn, som de bad kongen ikke forsmå, da giveren nærede en oprigtig beundring for så gæv en konge. Hornene var virkelig sjældne, meget skønnere end de kar der gik rundt i hirden. Olav prøvede at fylde dem med godt, kristent kongeøl, og det holdt de vel til, men da bispen udtalte sin velsignelse over drikken og man bød de fremmede en slurk, kom trolddommen for dagen. Der lød et brag i hallen, alle lys slukkedes med eet, og i braget forsvandt de venlige gæster. Da man fik tændt op igen, så stuen ud som en slagmark, og tre af kongens mænd lå livløse på gulvet. Denne Gudmund er en skikkelse hvis væsen er uransageligt fra hedensk synspunkt. Han har vel både gud og jætte i sig, men sådan som han står i disse legender, er han blevet til i kredse som ikke længer kendte nogen adskillelse mellem jætter og aser. Han er en udpræget nordisk, kristelig dæmon. Ved samme lejlighed fortælles om en brav ungersvend fra Viken, som engang forsvandt sporløst fra sit skib, medens det lå oppe i Nordhavet. Han kom til syne nu i følge med disse mistænkelige sendebud fra Gudmund, men forsvandt igen med dem under den djævelske hurlumhej. Først da der atter var gået et år, vendte han tilbage til folk, og da var han blind. Han havde meget at berette om det strålende liv ved Gudmunds hof, om jættekvindernes elskov og deres skinsyge; men selv var han uhjælpeligt mærket af den fordærvelse som lurede bag herligheden, og han blev ikke mange måneder ældre.

Verden blev for Nordboen ved at være den samme efter de nye guders indtog. Lysets verden videde sig ud, og blikket åbnedes ud til fjærne paradislande, som satte fantasien i bevægelse; over denne verden spændte sig Krists himmel som et strålende land med hellige indbyggere. Natten åbenbarede også ukendte dybder; man fik udsyn til regioner hvor det lyste uhyggeligt af brankede bål og der lød klageskrig fra pinte sjæle. Et digt som det norske Solsangen giver os et indblik i det nordiske helvede, hvor hjemlige billeder mødes med fremmede fantasier. Der lyder tonen således:

Ni dage sad jeg på nornernes stol, derfra på hest blev jeg hævet,
Gygens sole skinnede grufuldt gennem Skydrupners skyer.
En efter en gennem alle syv himle jeg syntes at svæve,
oppe og nede altid jeg søgte bedre banede veje.
Nu vil jeg sige hvad først jeg så, kommen til veernes verden:
svedne fugle, som sjæle var, svirred i mængde som myg.
Af vest så jeg flyve Våns drager og falde på Glævalds gade,
vingerne hug, så jord og himmel syntes at sønderrives.
Vinden tystned, vandet stilnede, da hørte jeg grueligt gny,
for deres mænd falske koner malede muld til mad.
Blodige kværne de mørke kvinder drog med sorg i sind,
blodigt hjærtet hang dem på brystet, mat af megen kvide.
(Thøger Larsens oversættelse).

Men helvede bjærgtog aldrig sindene i den grad heroppe som sydpå. Alle havde naturligvis hørt om pinestedet, og der var vel ikke så få som kunde en og anden historie om Fandens husskik; men det blev dog noget fjærnt, som der gik frasagn om på samme måde som om Indialand. Man manglede personlig erfaring — af den pågående art som man havde fra jættehjem — og således er det vedblevet at være. Helvede har aldrig fået sit ildsprudende gab slet så højt op her i Norden som i det sydlige Europa, hvor det blev verdens midtpunkt.

Oplevelsen af det ondes magt havde man nærmere ved. Udgård gabede fremdeles i ødemarken og spyede troldtøjet op mod mennesker. De gamle karaktermærker skilte uverden fra verden — det ene var dødens rige, det andet livets. Udøbte børn og fredløse havde ingen sand sjæl, de blev gravet ned på et vanhelligt sted, hvor den onde huserede, og deres dæmonnatur gav sig udslag i angreb på mennesker og kvæg. Vi hører et sted om en biskop der gjorde et velment forsøg på at stænge en af Udgårds porte ved at lade alle i åndelig forstand dødfødte stakler jordfæste i udkanten af kirkegården for at holde en slags justits over dem; men den der gerne vil bevare sin tro på at en bisp har større held med sig overfor utyskedom end guder havde, han gør vist bedst i ikke at spørge folketroen hvad den mener om sagen. Sådanne små husråd hjælper ikke synderligt. Om natten var der stadig lidt utrygt af omstrejfende, husvilde sjæle; gennem luften jog tætte skarer af vilde ryttere, og der siges jo at skarpe øjne kan skelne både dæmoner og fredløse dødninge i sadlerne. Folkesagnet har til sene tider kunnet fortælle om disse uhyggelige tog, der farer som en hujende storm over husene og somme tider tager et menneske op til sig fra den ensomme landevej; Kong Volmer nyder samme ære som Odin, at optræde som den vilde jæger.

En hedning vilde have været lige så fremmed i den nye jætteverden som han var blandt de nye guder. Alle disse trolde, elverpiger, huldrer, nøkker og højfolk, der frygter torden og kirkeklokker, bærer mærker af at være opvokset på skyggesiden af middelalderen. Og de er ikke helt blevet mærkerne fra deres oprindelse kvit, nu da protestantismen har taget det dæmoniske fra dem og gjort dem til et halvt komisk, halvt rørende kæltringefolk, som kunde stikkes ind i romantikens poesikostymer.

Slutning

Vore fædres hjærteforandring svarer ikke ret til hvad vor tids missionær forstår ved omvendelse. Han kommer fra en verden hvor mennesket er blevet ensomt og ikke for alvor oplever noget andet end det der foregår inden i ham selv. Hans liv består i sjælekampe og indre opgør, og når han går ud for at udbrede sin tro, søger han altid den enkelte, også hvor den enkelte slet ikke existerer. Han forlanger naivt, at for at blive omvendt må hedningen gå nøjagtig samme kriser igennem som han selv, og han anerkender ikke en mand som fuldgod kristen, hvis han ikke kommer ud af omvendelsen med et bestemt sæt af tanker og meninger, så at han kunde prædike i kirken derhjemme, uden at nogen af tilhørerne lagde mærke til at det i dag ikke var sognepræsten som talte. Missionærerne vil indføre kristendommen ligesom professorerne indfører videnskab og teknik, og de bliver ængstelige, hvis noget viser tegn til at gro af sig selv.

For disse kristne kniber det lidt at anerkende religionsskiftet i Norden som en betydningsfuld begivenhed i kristendommens historie; der løber uvilkårlig så mange forbehold med overfor alle de hedenske vaner og traditionelle fordomme, at den allerøverste ende af præsteskabet, der enten importeredes i omvendt stand eller opøvedes i kirkens praksis som et håndværk, bliver ene om at repræsentere kristendommen. Man kalde nu det skete hvad man vil, en overgang var det fra en religion til en anden, så sandt det betød at sige nej til gamle guder og tage ved nye. Og det der kom til verden, var en levende religion, fordi den netop ikke blev til ved »indførelsen af kristendommen«, men ved en skabelse og derfor havde en egen energi og et eget særpræg, som gør at den aldrig kan forveksles med folkefromheden i Syden, for ikke at tale om den kirkelige teologi. Og trods al afhængighed af pavedømme og kirkelære kan det ejendommelige ved vore fædres gudstro spores i historiens gang, ja det præger endnu os, der skriver og læser om fortiden ud fra synspunkter der ikke har gyldighed længere end til Alperne, og endda knap så langt.

www.heimskringla.no

Heimskringla Reprint er en serie genudgivelser af bøger, som ikke længere er tilgænge-lige, hovedsageligt norrøne kildetekster og baggrundsmateriale for disse. Serien udgives som en del af projektet Heimskringla – Norrøne Tekster og Kvad, hvis formål er at for-midle norrøn litteratur. Projektets hjemmeside – www.heimskringla.no – er i dag den største database med norrøne tekster på internettet.

1. Hans Georg Møller: *Den ældre Edda* (dansk)
2. Finnur Jónsson: *Snorre Sturlusons Gylfaginning* (dansk)
3. Finnur Jónsson: *Are Thorgilssons Íslendingabók* (oldislandsk og dansk)
4. Olaf Hansen: *Den ældre Edda* (dansk)
5. Diverse: *Vølvens spådom – en antologi* (oldislandsk, dansk, norsk, svensk)
6. Finnur Jónsson: *Kongespejlet – Konungs Skuggsjá* (dansk)
7. Erik Brate: *Eddan – De nordiska guda– och hjältesångerna* (svensk)
8. Gudmundur Thorlaksson: *425 norsk–islandske skjalde* (dansk)
9. Vilhjálmur Finsen: *Grágás – Islændernes lovbog i fristatens tid* (dansk)
10. Adolf Hansen: *Bjovulf og Kampen i Finsborg* (dansk)
11. Finnur Jónsson: *Den islandske litteraturs historie tillige med den oldnorske* (dansk)
12. Axel Olrik: *Ragnarok* (dansk)
13. Vilhelm B. Hjort: *Den gamle Edda* (dansk)
14. Gísli Brynjúlfsson: *Tristram ok Ísönd*
    – en riddersaga på oldislandsk og dansk (norrønt og dansk)
15. Knut Rage: *Chronica Regum Manniæ et Insularum – Krøniken om kongane og bisko-pane på Man* (norsk)

16. Gustav A. Gjessing: *Den ældre Edda – Norrøne oldkvad fra vikingetiden* (norsk)

17. Finnur Jónsson: *De gamle eddadigte – Første del: Gudedigtene* (norrønt og dansk)

18. Finnur Jónsson: *De gamle eddadigte – Anden del: Heltedigtene* (norrønt og dansk).

19. Jesper Lauridsen: *Snorres Edda – Uddrag af Edda Snorra Sturlusonar* (dansk)

20. Axel Olrik: *Nordisk åndsliv i vikingetid og tidlig middelalder* (dansk)

21. Magnus Fredrik Lundgren: *Språkliga intyg om hednisk gudatro i Sverige* (svensk)

22. Vilhelm Grønbech: *Vor folkeæt i oldtiden, bind 1* (dansk)

23. Vilhelm Grønbech: *Vor folkeæt i oldtiden, bind 2* (dansk)

24. Louis Moe: *Ragnarok – en billeddigtning* (dansk)

25. Frederik Winkel Horn: *Den ældre Edda* (dansk)

26. Valtýr Guðmundsson: *Island i fristatstiden* (dansk)

27. Vilhelm Grønbech: *Nordisk religion og Religionsskiftet i Norden* (dansk)